QUE SAIS-JE ?

W0274179

L'hystérie

GISÈLE HARRUS-RÉVIDI

Maître de conférences Paris VII
Psychanalyste

ISBN 2 13 048279 1

Dépôt légal — 1re édition : 1997, avril

© Presses Universitaires de France, 1997
108, boulevard Saint-Germain, 75006 Paris

INTRODUCTION

Traiter de l'hystérie est peut-être avant tout, et dans un premier temps, traiter de l'histoire de ce qui fut longtemps considéré comme une maladie féminine et qui s'avéra, dans un deuxième temps, mal universel avant d'être purement et simplement supprimé de certains manuels de psychiatrie... En guise d'introduction, deux faits :

1) Le plus vieux papyrus médical égyptien, le Papyrus Kahoun, datant d'environ 1900 av. J.-C., porte sur les maladies de l'utérus. Il décrit assez précisément des troubles du comportement essentiellement liés au déplacement de la matrice et qui seraient, de nos jours, qualifiés d'hystériques.

2) En 1980, aux États-Unis, la nouvelle édition du manuel de psychiatrie, *Diagnostic and Statistical Manual of Mental Disorders (DSM3)* codifiait des changements essentiels dans l'approche nosographique de la maladie mentale : le fait qui marqua probablement le plus les esprits fut la disparition, ou l'éclatement si l'on préfère, de l'hystérie. Cette dernière était remplacée par une série de diagnostics décrivant des signes ou des symptômes qui jusque-là en avaient justement fait partie et qui se retrouvaient maintenant sans lien avoué entre eux. Étaient ainsi décrits un syndrome de somatisation, un syndrome de conversion, la personnalité multiple, la personnalité histrionique pour ne prendre que les principaux. Lors de la parution de la traduction du manuel en France, en 1983, ce parti pris, envers une des atteintes les plus connues, ne fut pas sans créer un étonnement certain dans le monde psychiatrique ; les psychanalystes parurent moins concernés, l'hystérie freudienne n'ayant selon eux, pas ou peu,

de rapports avec l'hystérie américaine. Sommes-nous cependant autorisés à imaginer une pierre tombale sur laquelle serait inscrite : « Hystérie : 1900 av. J.-C. - 1980 » ?

L'hystérie est un puissant vecteur de toute sorte de polémique ; compte tenu de la diversité des théories la concernant (que nous aborderons en détail plus loin), nous partirons du postulat suivant : sous ce vocable se dissimulent à la fois une *pathologie psychiatrique*, différente selon les époques, les cultures, les pays et les théoriciens, et *un mode essentiel de penser* les faits psychiques.

Depuis Hippocrate et Galien jusqu'à Freud, l'hystérie est une gageure à la pensée scientifique. Son statut à la fois quotidien et psychiatrique réussit toujours à surprendre le partenaire (quel qu'il soit : père, politique, religieux, inquisiteur, médecin, psychiatre ou psychanalyste) nécessaire à la manifestation de ce trouble. La structure de base de cette atteinte, cependant toujours identique à elle-même, n'est parfois même pas identifiée car, dans ses interprétations, chacun s'accroche aux anachronismes folkloriques ou succombe au contraire aux aléas contemporains pour en faire une description en apparence novatrice, néo-reflet d'une littérature pluriséculaire sur ce sujet.

De cette désespérance scientifique surgit alors cette étonnante manifestation consistant à supprimer ce concept à intervalles réguliers, meurtre rituel qui semble chaque fois se passer pour la première fois. Déjà Galien, au IIe siècle, préparait le terrain en écrivant : « La passion hystérique n'est qu'un mot, tant variées et innombrables sont les propriétés qui la constituent. »[1] L'hystérie n'est qu'un vain mot, qui recouvre à la fois tout et rien.

Plusieurs siècles plus tard, après la mort de Charcot (1893), Babinski régla de vieux comptes avec le Maître et publia son célèbre article férocement intitulé : « Démem-

1. Galien, *Œuvres anatomiques, physiologiques et médicales,* t. II : *Des lieux affectés,* Baillière, 1856.

brement de l'hystérie traditionnelle, le pithiatisme »[1] ; l'hystérie une fois démembrée (!), thèses et articles persistèrent cependant, soit pour entériner le décès[2], soit pour se questionner sur l'état des lieux après pareil carnage[3]. Malgré ces affirmations péremptoires, d'innombrables articles et ouvrages continuèrent de paraître puisque, à notre connaissance, il n'y a jamais eu d'époque où le sujet ne fut abondamment traité.

Le *DSM3* était-il, après des années de « calme », un point définitif, par le biais du pragmatisme américain, sur cette épine épistémologique ? Pas du tout. Les Français avaient « oublié » qu'en 1952 déjà, l'association psychiatrique américaine avait supprimé du *Mental Disorders Diagnostic Manual (Manuel de diagnostic des troubles mentaux),* le concept d'hystérie afin de le remplacer par celui de « conversion ». Cette décision se fondait sur le fait que l'hystérie est une catégorie diagnostique diluée qui recouvre des réalités nosographiques différentes, ce diagnostic n'est donc plus différentiel et ne permet pas l'établissement d'un protocole thérapeutique précis.

Sans jeu de mot, l'histoire de l'hystérie est souvent hystérique au sens plein du terme car elle est fantasme, déréalisation, amnésique de son amnésie, répétitive par fixation et dans le même temps dénégation des images du passé : les oracles chez les Grecs, les stigmatisées chrétiennes, les sorcières et possédées du Moyen Age, les folles de la Salpêtrière, les personnalités multiples américaines qui font, au moment où j'écris, la une de certains médias ne sont-ils pas, sous des masques légèrement dif-

1. J. Babinski, Démembrement de l'hystérie traditionnelle (1909), *Œuvres scientifiques,* Paris, Masson, 1934 (p. 486-504).

2. E. Josserand, Les maladies périmées, l'hystérie, *Lyon méd.,* CL n° 51, 1932.

3. P. Hartenberg, Que reste-t-il de l'hystérie ?, *Clinique,* n° 212, octobre 1933 ; J. Froment, Où en est la question de l'hystérie ?, *Revue neurologique,* t. 2, 1936.

férents toujours les mêmes ? Force est donc de reconnaître, une fois de plus, que les termes des descriptions de l'hystérie dans l'histoire sont plus symboliques d'une époque ou d'un lieu que d'une pathologie précise.

Notre hypothèse de travail sera la suivante : l'évolution historique du concept d'hystérie est la meilleure illustration possible de la négativité épistémologique de sa définition qui est calquée sur sa structure psychopathologique inconsciente. Cependant il nous faut lui reconnaître une aptitude exceptionnelle à générer des problématiques car elle est une mise en tension permanente du savoir par le fait qu'elle est mimétique à l'histoire et l'avancée des sciences car « protéiforme et caméléonesque ». L'essentiel, pour nous, c'est qu'elle est ce autour de quoi se vectorisent certains progrès spécifiques de la médecine et des sciences humaines ; elle a ainsi fait ses preuves en permettant, dans des moments dialectiques féconds, la mise à jour de disciplines qui ont toutes pris leur autonomie car elles réussirent à avoir un champ épistémologique. Ainsi elle a contribué, pour une part plus ou moins large, à la différenciation entre maladie organique et maladie mentale, la neurologie lui doit beaucoup, la sexologie est probablement une de ses conséquences. Enfin, évidemment, c'est de sa compréhension dialectique qu'est née la psychanalyse qui, elle-même, propose et autorise une nouvelle approche psychopathologique de la maladie organique sous l'appellation de psychosomatique.

Ce n'est pas tout, car les manifestations de l'hystérie, que ce soit sous forme d'attitudes réactionnelles (par exemple dans une foule), de types de comportement (les groupies d'un chanteur ou d'un homme politique), ou de franche psychopathologie, se jouent dans un cadre historique où, à intervalles réguliers, certaines manifestations mystiques et/ou politiques prennent à la fois forme et sens grâce à elle. Elle est donc une des articulations nécessaires du politique et du religieux, surtout dans les grandes périodes de crise.

On perçoit donc, toujours rétroactivement, l'immense puissance dialectique de l'hystérie, et comment par des sauts qualitatifs, se sont en partie extirpées d'elle les disciplines que nous avons citées ; prospectivement, d'autres sont peut-être en gestation : que vont donner la tétanie et la spasmophilie, derniers rejetons à la mode, certaines sinistroses, bon nombre de somatisations folles ? La synthèse d'un nouveau champ de savoir est toujours à prévoir... après la prochaine mise à mort de l'hystérie.

Chapitre I

ESSAIS ET ÉCHECS DES DÉFINITIONS DE L'HYSTÉRIE

Tout essai de définition stricte de l'hystérie est voué à un échec certain : philosophes et médecins s'y confrontent depuis quatre mille ans et en font, pour les plus cliniciens (ou les plus prudents), le constat. Beaucoup d'entre eux ont en conséquence adopté diverses non-définitions suffisamment dynamiques cependant pour devenir partie prenante même de leur recherche.

I. — Les non-définitions de l'hystérie

Nous avons déjà évoqué celle, célèbre, de Galien au IIe siècle : « La passion de l'hystérie n'est qu'un seul nom, mais diverses et innombrables sont les formes qu'elle embrasse. »[1]

Thomas Sydenham[2] (1624-1689), surnommé l'« Hippocrate d'Angleterre » a travaillé, entre autres thèmes, l'hystérie dont il propose la définition suivante :

« Énumérer simplement tous les symptômes de l'hystérie serait un travail de longue haleine tant ils sont nombreux.

1. Cette traduction est différente de la précédente et il est intéressant d'en voir les nuances.

2. T. Sydenham, *Œuvres complètes* (1682), trad. par Jault, Montpellier, 1816. L'affection hystérique, in *Dissertation en forme de lettre à Guillaume Coole*. Cité par E. Trillat, *Histoire de l'hystérie,* Paris, Seghers, 1986 et par J. Corraze, *De l'hystérie aux pathomimies,* Paris, Dunod, 1976.

Toutefois ils ne sont pas moins nombreux que variés, protéiformes et caméléonesques. Ils sont non seulement nombreux mais aussi polymorphes par leur genèse et différents de ceux des autres maladies. C'est un farrago de phénomènes désordonnés et irréguliers. »

Notons la fortune qu'aura l'expression « protéiforme et caméléonesque », métaphore médicale telle qu'il n'en existe plus dans la technicité du vocabulaire moderne : Sydenham exprimait ainsi le désespoir scientifique et la fascination (toujours actuelle) d'une telle atteinte.

Et il continue en soulignant que de toutes les façons le diagnostic est impossible, la maladie imite tout, leurre tout un chacun (constat essentiel dans les années futures) :

« Elle imite presque toutes les maladies qui arrivent au genre humain, car dans quelque partie du corps qu'elle se rencontre, elle produit aussitôt les symptômes qui sont propres à cette partie ; et si le médecin n'a pas beaucoup de sagacité et d'expérience, il se trompera aisément et attribuera à une maladie essentielle et propre à telle ou telle partie, des symptômes qui dépendent uniquement de l'affection hystérique. »

Lasègue (1816-1883), contemporain de Charcot commence par l'éternel constat désabusé[1] : « La définition de l'hystérie n'a jamais été donnée et ne le sera jamais », position qui a le mérite d'une apparente simplicité. Il la peaufinera quand même en ayant recours à la théorie de l'imitation par emprunt nerveux, se différenciant par là de Sydenham :

« L'hystérie emprunte au système nerveux les matériaux pathologiques dont elle dispose et qu'elle s'approprie : il n'est pas une seule lésion nerveuse dont on ne retrouve chez les hystériques l'expression plus ou moins atténuée, depuis la folie jusqu'au frisson passager. Sorte d'état parasitaire, elle apparaît, s'établit, s'installe et disparaît à son heure laissant des traces durables de son passage ou rendant à l'économie momentanément atteinte le plein exercice de ses fonctions. »[2]

1. Ch. Lasègue, *Écrits psychiatriques,* Toulouse, Privat, 1971.
2. Id., *Des hystéries périphériques,* Archives générales de médecine, 1878, p. 151.

Se profile là une hystérie nerveuse ou pseudo-nerveuse, pathologie parasite imitant, certes sur un mode atténué, toute atteinte cérébrale ou nerveuse. L'hystérie ou le triomphe de l'illusion scientifique...

Charcot (1825-1893) plus positif enfin : « Le terme hystérie résiste depuis longtemps aux injures du temps et des hommes. C'est là inéluctablement une marque de vitalité bien significative. Le mot vivra donc et continuera à désigner un groupe cohérent de faits symptomatologiquement enchaînés les uns aux autres. Il faut en prendre son parti. »[1]

Janet (1859-1947), autre collaborateur de Charcot, adopte une position d'historien, et même dirions-nous, d'historien passéiste : « Le mot hystérie doit être conservé quoique sa signification primitive ait bien changé ; il serait très difficile aujourd'hui de le modifier, et vraiment il a une si grande et si belle histoire qu'il serait pénible d'y renoncer. »[2] Janet évoque là avec une certaine admiration l'histoire de l'hystérie tout en soulignant comme une évidence l'évolution du concept : l'hystérie de Charcot et Janet n'est pas celle des siècles précédents, c'est pour lui une vérité qui n'en est pas une pour nous dans la mesure où nous pensons que chaque époque a « son » hystérie, même si elle est au fond toujours identique à elle-même.

Bien que notre « groupe cohérent de faits symptomatologiquement enchaînés les uns aux autres » est radicalement différent de celui de Charcot, sa position sera nôtre : l'hystérie a résisté aux injures du temps et des hommes et cela ne peut que prendre sens dans une approche historique et épistémologique du concept.

1. J.-M. Charcot, *Leçons du mardi à la Salpêtrière,* leçon du 30 octobre 1888, Policlinique 1887-1888, notes de cours de MM. Blin, Charcot et Colin, Bureau du progrès médical, Paris, 1892.

2. P. Janet, *État mental des hystériques : les accidents mentaux et les stigmates mentaux,* Paris, Rueff et Cie, 1894, p. 300.

II. — Définitions psychiatriques actuelles de l'hystérie

A) *Manuel de Psychiatrie* de Ey, Bernard et Brisset[1] : Intitulé du chapitre : « L'hystérie de conversion » :

> « L'hystérie est une *névrose caractérisée par l'hyperexpressivité somatique des idées, des images et des affects inconscients*[2]. Ses symptômes sont les manifestations psychomotrices, sensorielles ou végétatives de cette "conversion somatique". C'est pourquoi depuis Freud on appelle cette névrose *"l'hystérie de conversion"*. »[3]

Le parti pris des auteurs est parfaitement clair : la psychanalyse devient l'unique mode interprétatif de l'hystérie, toute manifestation autre que de conversion n'existe plus (et nous retrouvons là le phénomène d'éradication partielle précédemment évoquée). Le manuel ajoute en marge : « Les symptômes constituent des phénomènes de "conversion" sur le plan somatique de conflits inconscients » : ainsi l'hystérie traumatique de Charcot, les personnalités multiples disparaissent si elles ne sont pas accompagnées de troubles somatiques.

Ce chapitre du *Manuel de psychiatrie* propose, après une brève approche historique, une étude clinique des symptômes hystériques divisée en trois sous-parties :

a) Les paroxysmes, crises, manifestations aiguës d'inspiration charcotienne.

b) La description classique pluri-séculaire des syndromes fonctionnels durables : nous y retrouvons les paralysies (fonctionnelles ou localisées), les contractures et les spasmes, les anesthésies, les troubles sensoriels, tout ce matériel constamment décrit et sur lequel Freud a bâti la théorie de la conversion et *a fortiori* la psychanalyse.

c) Les manifestations viscérales, les spasmes, les algies, les troubles trophiques et généraux. Le manuel souligne

1. H. Ey, P. Bernard, Ch. Brisset, *Manuel de psychiatrie*, Paris, Masson, 1989.
2. Souligné dans le texte.
3. *Ibid.*

que si l'on peut admettre que « la vie inconsciente puisse s'exprimer par des dérèglements viscéraux, il existe une difficulté à délimiter les réactions qui appartiennent à l'hystérie de conversion de celles qui doivent être comprises comme de "véritables" syndromes psychosomatiques ».

La seconde partie du chapitre décrit le caractère et la personne de l'hystérique. La description sous couvert de décodage de l'inconscient, devient là franchement psychiatrique dénonçant la suggestibilité (psychoplasticité), la mythomanie, le dérèglement sexuel du caractère hystérique ; la personnalité est caractérisée par l'inconsistance de la personne, le refoulement amnésique des événements réels, la falsification de l'existence.

Cette description est tout à fait classique mais l'hystérique est-elle uniquement cette malade à la personnalité falote alors qu'on la trouve dans tous les grands moments historiques, certes souvent dans le rôle de victime mais aussi dans celui d'héroïne, de Mère Courage ?

B) *Manuel alphabétique de psychiatrie* de Porot[1]. — Intitulé du chapitre : « Hystérie et névrose hystérique »[2] :

> « L'hystérie est une disposition mentale particulière tantôt constitutionnelle et permanente, tantôt accidentelle et passagère, qui porte certains sujets à présenter des apparences d'infirmités physiques, de maladies somatiques ou d'états psychopathiques » (A. Porot).

Après l'inévitable partie historique, les conceptions pathogéniques partent des théories de Janet, Freud et Kretschmer. L'article souligne que dès 1935, Antoine Porot suggérait que l'on raye le mot « hystérie » en tant que substantif pour ne garder que celui « d'hystérique » comme adjectif pour qualifier certains accidents.

1. A. Porot, *Manuel alphabétique de psychiatrie,* Paris, PUF, 1984.
2. Nous insistons sur les intitulés des chapitres car ils sont sous-tendus chacun par une position théorique : il est radicalement différent de nommer le chapitre sur l'hystérie « Hystérie de conversion » ou « Hystérie et névrose hystérique ».

La symptomatologie énumère *les crises* (type Charcot), *les grands accidents psychiques* représentant « la division de la conscience » (Janet) et « le clivage qu'introduit au sein de la vie psychique "l'état hypnoïde" (Breuer) », *les accidents de conversions somatiques* (à peu près identiques à ceux du précédent manuel), *les atteintes sensitives, la conversion.*

La description des organisations hystériques souligne leur labilité et la permanence de manifestations somatiques plus ou moins complexes, plus ou moins intriquées. La personnalité est histrionique, égocentrique, suggestible, avide d'affection, dramatisante. Refoulée et inhibée, elle a des particularités de fonctionnement intellectuel : distractivité, refuge dans l'imaginaire, naïveté, pseudo-débilité parfois...

C) *DSM III-R*[1]. — Dès la première édition du *DSM 3,* l'événement (renvoyant d'ailleurs à 1952 comme nous l'avons déjà dit) fut la suppression du diagnostic d'hystérie. Il était remplacé par une série de syndromes dont nous avons choisi deux exemples : l'un, la conversion, lié aux manifestations organiques, l'autre au caractère hystérique proprement dit.

1) « Critères diagnostiques du trouble de conversion :

« A) Perte ou altération des fonctions physiques faisant suggérer un trouble somatique.

« B) Des facteurs psychologiques sont estimés être impliqués dans l'étiologie du symptôme car il existe une relation temporelle entre un stress psychosocial lié apparemment à un conflit ou à un besoin psychique et l'installation ou l'exacerbation du symptôme.

« C) Le sujet n'est pas conscient de produire intentionnellement le symptôme.

« D) Le symptôme n'est pas une réponse culturellement déterminée et ne peut pas, après investigation appropriée, être expliqué par un trouble physique connu.

1. *Manuel diagnostique et statistique des troubles mentaux, DSM III-R,* Paris, Masson, 1989.

« E) Le symptôme ne se limite pas à une douleur ou à une perturbation des fonctions sexuelles.

« “ Spécifier : épisode isolé ou récurrent ” »

2) « Critères diagnostiques de la personnalité histrionique :

« Mode général de réponse émotionnelle excessive et de quête d'attention, apparaissant au début de l'âge adulte et présent dans des contextes divers, comme en témoignent au moins quatre des manifestations suivantes :

« 1 / recherche ou exige constamment rassurement, approbation ou éloges ;

« 2 / aspect ou comportement de séduction sexuelle inadaptée ;

« 3 / préoccupation excessive par le souci de plaire physiquement ;

« 4 / exagération inadaptée de l'expression des émotions, par exemple étreint des connaissances de rencontre avec une ardeur excessive, sanglote de manière incontrôlable pour des motifs sentimentaux mineurs, présente des accès de colère ;

« 5 / est mal à l'aise dans des situations où il/elle n'est pas au centre de l'attention d'autrui ;

« 6 / expression émotionnelle superficielle et rapidement changeante ;

« 7 / égocentrisme, comportement visant à obtenir une satisfaction immédiate ; intolérance à la frustration et à tout retard pour une gratification ;

« 8 / manière de parler trop subjective mais pauvre en détails, par exemple quand on demande au sujet de décrire sa mère, il ne peut être plus précis que : “c'était une personne fantastique”. »

Dans le *DSM3,* la neutralité liée à la nécessité du recul statistique, écrase et annule totalement la valeur du syndrome de conversion qui, tel qu'il est décrit, pourrait concerner plus de la moitié d'une population. « L'histrionisme » est plus performant à nos yeux même s'il y manque l'aspect positif de l'histrion, voix, théâtre, mise en scène.

Que conclure de ce très bref survol ? D'abord que la psychiatrie n'aborde la question de l'hystérie qu'en termes psychiatriques (et ce, même sous couvert de psychanalyse), ce qui, après tout, est son rôle. L'hystérie ou l'hystérique est-elle entièrement contenue dans cette description ? Certainement pas. Il est un être-au-monde hystérique caractérisé d'une part par une extrême sensibilité à l'air du temps qui se manifeste sur un mode spectaculaire dans les grandes périodes de troubles politiques, et d'autre part par une structure hystérique de la sexualité humaine[1] fortement apparente. L'hystérique n'est pas que cette folle tordue par ses spasmes, familière de l'imagerie médicale psychiatrique, elle est aussi égérie des grands hommes, passionaria politique ou religieuse, sainte et/ou martyre, artiste, poète, peintre ou musicienne. Chaque sensibilité a son économie personnelle, ses quantifications narcissiques variables.

« On pourrait ici relancer la vieille querelle entre névrose hystérique et réaction hystérique, la névrose étant une maladie, la réaction pouvant par contre survenir chez n'importe qui. On a indiqué déjà que cette opposition devait être dépassée par la reconnaissance d'un certain taux de névrose chez tout un chacun. Il faut ajouter que ce taux de névrose est la propriété du sujet et qu'il appartient à chacun de l'exploiter. Il est possible d'en faire un domaine à conquérir, ou de le laisser en friche, l'exposant ainsi à la conquête par autrui. »[2]

Il existe une structure atomique de l'hystérie avec des électrons qui gravitent autour d'un noyau central dur. Le noyau dur intangible, toujours identique à lui-même, est constitué par la prévalence d'identification narcissique (d'où son rôle politique ou artistique), par l'existence obligatoire de mécanismes comme le refoulement et sa conséquence, le déplacement de l'affect, par l'affleurement du conflit œdipien (d'où le suivisme ou au contraire la

1. Voir à ce sujet : D. Braunschweig et M. Fain, *La nuit, le jour (essai psychanalytique sur le fonctionnement mental)*, Paris, PUF, 1975, p. 137.
2. L. Israël, *L'hystérique, le sexe et le médecin*, Paris, Masson, 1983, p. 38.

rébellion outrancière souvent verbale au chef charismatique politique ou religieux par « emprunt » du phallus). Sur le plan comportemental, cela donne – quand tout est pour le mieux – des pseudo-leaders et des artistes dotés souvent d'une grande intelligence (qui tourne fort mal quand elle ne peut pas s'employer), d'une sensibilité certaine, d'une capacité émotionnelle féconde ; quand les circonstances ne s'y prêtent pas – que l'ennui lié à une profonde incapacité de supporter le quotidien règne (on méconnaît à notre avis grandement l'importance de l'ennui dans l'hystérie) – la dépression partie importante du noyau dur apparaît avec souvent, cela est vrai, son cortège de troubles physiques, de conversions métaphoriques des affects sur l'existence (en avoir plein le dos, se casser les pieds, avoir une vie étouffante, se rouler par terre de douleur...). Dépression ou deuil éternels[1] ? En fait les patientes de Freud sont souvent en état de deuil réel et/ou de déception amoureuse permanente : à cette base se surajoute un deuil fantasmatique lié à un non-dépassement des positions œdipiennes et activé par une coexcitation sexuelle permanente[2].

Se fait jour également une angoisse constante fixée sur la famille, les enfants, bref en un mot une attente anxieuse, culpabilisante et culpabilisée, sur l'événement qui rompra la monotonie du quotidien (d'où d'ailleurs la stupéfaction des proches constatant qu'une catastrophe réelle est souvent bien acceptée). On retrouve là bien du monde, toutes les héroïnes freudiennes et bon nombre de nos patients. Une fois n'est pas coutume, notons que le tableau clinique de l'hystérie féminine est plus riche et

1. Cf. à ce sujet l'article de M. Ody, De l'opposition entre hystérie et dépression, *Rev. fr. de psychanal.*, 3/1986

2. Ajoutons que la coexcitation sexuelle « apparaît en quelque sorte en tant que produit additionnel dans un grand nombre de processus de l'organisme, pour peu que ceux-ci atteignent une certaine intensité, et tout particulièrement dans toutes les émotions relativement fortes, fussent-elles de nature pénible » (S. Freud, *Trois essais sur la théorie sexuelle infantile* (1905), Paris, Gallimard, 1987, p. 182).

plus porteur que celui de l'hystérie masculine souvent fruste, mal mentalisée et plus gravement somatisante.

Quels sont les électrons qui gravitent autour de ce noyau ? La situation familiale et ses aléas, la situation politique et religieuse et ses possibilités d'actions identificatoires, le savoir médical ou psychologique et ses failles, tout ce qui dans la relation permet de prendre barre sur l'interlocuteur. Le complice « involontaire » souffle au bon élève qui répond : « Votre taux de calcium ? de magnésium ? voulez-vous un EEG ? un scanner pour dénicher l'origine de vos migraines ? » ou bien « Avez-vous vu le Diable ? la Vierge ? Mettez un foulard sur vos cheveux. L'ennemi est à nos portes, pouvez-vous aller au devant ? donnez-nous vos enfants, mêmes les plus petits, votre héroïsme sera à la mesure de votre douleur... » Masochisme sidérant de l'hystérique jouant souvent au jeu du qui-perd-gagne, jeu clé de cette atteinte, perte créant la fascination masculine misogyne et sadique. Compte tenu des différentes époques, religions, structures de discours, comment reconnaître la même personne sous un déguisement différent ? La même, la sorcière illettrée et paradoxalement savante (pour se faire brûler) ? La même, la Folle de Charcot fascinée et probablement amoureuse du Maître ? La même, la Viennoise cultivée mais mal occupée, témoin privilégié des découvertes exceptionnelles qui ont accompagné la fin de l'empire austro-hongrois, étouffant dans un corset baleiné et victorien et passant son temps, comme bien des héroïnes freudiennes, à garder dans l'obscurité un père malade ou agonisant ?

Dans un premier temps, nous verrons combien l'histoire médicale de l'hystérie est riche : depuis Hippocrate jusqu'à nos jours, quatre courants interprétatifs se croisent, s'interpénètrent, se contredisent pour cerner cette atteinte dite et proclamée indéfinissable. Le premier toujours présent est le courant utérin, puis est apparu le courant cérébral et le courant nerveux, le courant de la médecine générale a toujours fonctionné, le courant psychologique a momentanément les faveurs du savoir, en attendant... Décrivons-les et voyons comment chacun d'entre eux a accouché d'une ou de plusieurs disciplines mais nous donnerons toutefois la priorité à l'hystérie freudienne et la création de la psychanalyse.

Dans un chapitre intermédiaire entre l'hystérie médicale et l'hystérie freudienne, nous recenserons les temps forts de l'histoire politique et religieuse de l'hystérie : depuis les sorcières jusqu'aux événements de Loudun et ceux du cimetière Saint-Médard, sans oublier d'évoquer, et ce même sans l'aborder pour des raisons politiques et idéologiques évidentes, le rôle de l'hystérie féminine dans l'Islam, de nos jours.

Chapitre II

LA FUREUR UTÉRINE

Étymologiquement, « hystérie » vient du grec *hustera* ou *hystera,* l'utérus. L'histoire et l'épistémologie de ce concept s'originent étroitement dans cette étymologie dont la prégnance a perduré et transparaît dans des approches médicales voire psychanalytiques, en apparence radicalement différentes. L'hystérie c'est l'utérus dans l'inconscient et ce, même et surtout quand le conscient n'en a pas la moindre idée.

I. — L'Antiquité

a) Le papyrus Kahoun (1900 av. J.-C.)[1] est un document incomplet décrivant des états morbides attribués au déplacement de la matrice en état d' « inanition ». Ce mouvement dirigé vers le haut du corps pour trouver l'humidité et la fraîcheur, comprime cependant les autres organes sur son trajet et crée ainsi une sensation d'étouffement.

Quand cette perception animiste ne parut plus scientifiquement plausible, c'est-à-dire à peu près dès le Moyen Age, on invoqua alors l'existence d'une violence sexuelle issue des « bas instincts » de la femme et traduite par des troubles psychiques (donc du sexe à la psyché). Notons *ce déplacement de la problématique du bas vers le haut tant sur le plan physique que psychologique, nous le retrouve-*

1. I. Veith, *Histoire de l'hystérie,* Paris, Seghers, 1973, p. 12.

rons sur un mode ou un autre dans toutes les théories et jusque chez Freud.

b) Hippocrate (né vers 460 av. J.-C.) et le « Corpus Hippocraticum »[1] : Hippocrate est officiellement reconnu comme le créateur du terme puisqu'il nommera « hystérie » les maladies de l'utérus *(hystera)*[2]. Dès sa conception, l'hystérie est associée à une psychopathologie de la sexualité (sans que cela soit explicitement souligné en ces termes) et plus précisément à l'abstinence et la frustration chez la jeune fille et la veuve ; le traitement proposé est différent dans l'un et l'autre cas puisqu'on extirpe le mal par des fumigations et des purgatifs chez la veuve alors que l'on tente de marier la jeune fille.

c) Platon était un contemporain et un ami d'Hippocrate ; dans le *Timée ou De la nature*[3], il affirme que « des hommes qui étaient nés, tous ceux qui étaient lâches ou qui passaient leurs vies dans l'injustice, c'est un propos vraisemblable qu'en femmes ils furent changés à la seconde naissance » ; c'est donc avec un être de deuxième choix, si l'on peut dire, que l'homme doit s'accoupler pour se reproduire. Chez lui, la moelle, douée d'une âme, est également la substance germinative et a un désir de rencontre et d'engendrement. Ce dernier est, en fait, aussi violent côté masculin que côté féminin sauf à savoir que la femme n'est qu'animalité puisque sa matrice ne possède pas d'âme : « Voilà pourquoi, chez les hommes, ce qui tient à la nature des parties est un être indocile et autoritaire, une sorte d'animal qui n'entend point raison, et que ses appétits toujours excités portent à vouloir tout dominer. De même chez les femmes, ce qu'on appelle matrice ou utérus est, pour ces

1. Hippocrate, *Œuvres complètes,* trad. E. Littré, Paris, Baillière, 1839-1881, vol. VIII : *Des maladies des femmes.*

2. Ce que Trillat nie dans *Histoire de l'hystérie,* Paris, Seghers, 1986, affirmant que c'est Littré qui ajouta le mot de sa propre initiative à chaque paragraphe traitant de la « suffocation de la matrice » (p. 14). L'énigme de l'origine demeure...

3. Platon, *Timée,* in *Œuvres complètes,* Paris, Gallimard, La Pléiade, 1950, t. II, 91 *a, b* et *c* (p. 522).

mêmes raisons, un animal au-dedans d'elles, qui a l'appétit de faire des enfants ; et lorsque, malgré l'âge propice, il reste un long temps sans fruit, il s'impatiente et supporte mal cet état ; il erre partout dans le corps, obstrue les passages du souffle, interdit la respiration, jette en des angoisses extrêmes et provoque d'autres maladies de toutes sortes ; et cela dure tant que des deux sexes l'appétit et le désir ne les amènent à une union... »[1]

Les dernières lignes de cette citation décrivent l'état de mal hystérique tel que le voyait également Hippocrate : une boule œsophagienne, des troubles respiratoires fonctionnels, des crises d'angoisse, des potentialités de somatisations riches et variées ; si on omet le fait que cela est dû aux mouvements de la matrice, la description n'est-elle pas de toutes les époques ? Notons également que Platon voit un rapport entre ce que nous appelons une « conversion » (les troubles respiratoires) et des possibilités de somatisation : l'éternelle discussion hystérie-psychosomatique remonte à loin...

d) Galien de Pergame (129-199 apr. J.-C.) : Galien, outre une abondante œuvre médicale (il fut entre autres chirurgien de gladiateurs), est souvent cité dans les travaux sur l'hystérie car il a induit de nouvelles voies de recherche. Il estimait en effet qu'il existait trois catégories d'hystériques qu'il classait, en gros, selon le degré de faiblesse manifestée par la malade, le point commun à toutes étant cependant qu'elles souffraient d'affections utérines. « Il est reconnu que cette maladie touche particulièrement les veuves, et surtout celles qui ont été régulières dans leur menstruation, fertiles, réceptives et ardentes devant les avances de leur mari. »[2]

Idée neuve essentielle, Galien pense que la privation sexuelle favorise la maladie par le fait qu'elle crée une rétention de la semence et ce tant chez les femmes que

1. Les différentes parties du corps sont le siège d'une âme mortelle alors que le cerveau lui, est le siège d'une âme immortelle.
2. Galien, *op. cit.*

chez les hommes, d'où son questionnement sur l'existence possible d'une hystérie masculine.

L'utérus ne bouge pas, affirme Galien, mais les substances sexuelles empoisonnent. C'est ainsi qu'après le traitement d'une veuve par l'application de matières chaudes et des manipulations digitales, il fait cet étonnant constat[1] : « Résultant de la chaleur des remèdes et du toucher des organes génitaux réclamés par le traitement, suivirent des contractions accompagnées en même temps de douleur et de plaisir après quoi elle émit un sperme abondant et trouble. A partir de ce moment-là, elle fut libérée de tous les maux qu'elle ressentait. De tout cela, il me semble que la rétention du sperme imprégné de mauvaises essences avait – pour provoquer des troubles dans le corps – un pouvoir bien plus grand que celui de la rétention des menstrues ».

Cette liaison des trois termes *sexualité, féminité, hystérie,* avec toutes leurs combinatoires, demeurera en place près de deux mille ans sans bouleversements majeurs. Dès l'origine s'est trouvée donc décrite une étiologie sexuelle avec un versant anatomo-pathologique et un versant psychique : ainsi quand Hippocrate pense que c'est à partir d'un dysfonctionnement (utérin pour lui, ovarien dans les époques ultérieures) que la maladie se déclare, il souligne également, comme le feront tous les auteurs par la suite, qu'il est nécessaire qu'il existe un contexte de frustration, d'abstinence ou de deuil.

Privation, constriction, « mauvaises essences » voilà posés, dès l'Antiquité également, des termes essentiels à la compréhension du mécanisme hystérique : cette mise en place théorique conduira jusqu'à la psychanalyse et la reconnaissance scientifique de l'influence de la sexualité ; elle aboutira également à la psychosomatique et au constat de l'importance de l'abstinence dans l'apparition de

1. Cité par I. Veith *(op. cit.)*.

certains troubles physiques ; le moins bon devenir sera celui des « mauvaises essences » qui sous-tendra la théorie de la dégénérescence, partie prenante de l'hystérie au XIXe siècle, avant de s'afficher comme doctrine politique sous le IIIe Reich puis dans les conflits en Yougoslavie (le nettoyage ethnique par le viol afin de purifier les mauvaises essences). Et enfin constatons que dès cette époque était mise en place une technique sexologique...

II. — Le versant anatomo-pathologique et ses suites historiques

La permanence théorique du thème du dysfonctionnement anatomique dans l'hystérie peut s'illustrer, entre autres exemples possibles, par Louyer-Villermay[1] qui incitait à poser ce diagnostic à partir d'un toucher vaginal permettant la reconnaissance « du mouvement vermiculaire de l'utérus ». Il précisait même que, dans l'après-coup, on avait la preuve qu'un mouvement vermiculaire (c'est-à-dire un dysfonctionnement mécanique) était bien en cause – même s'il n'avait pas été diagnostiqué à temps – puisqu'existait un écoulement anormal à la fin de la crise, « un liquide particulier [pour] lubrifier les parties génitales ».

Charcot, d'ailleurs, donnera lui aussi comme signe de fin de crise « une émission d'urine claire ». Le fantasme est ici le même que dans l'Antiquité : la sexualité féminine est à nouveau perçue comme symétrique de la sexualité masculine ; la femme émet en quelque sorte une « éjaculation » (que d'aucuns qualifient de spermatique), dont la seule différence est de se déverser à l'intérieur du corps. Cette « éjaculation » prendra d'ailleurs rapidement la place des migrations utérines (ce que Galien avait sous-entendu) : c'est elle qui, faute d'être dérivée vers une décharge normale, empoisonnera le sang et créera les souffrances et les spasmes du corps hystérique. Cette capacité d'émettre des liqueurs joue sur une étrange singularité du corps féminin,

1. J.-B. Louyer-Villermay, *Traité des maladies nerveuses et vapeurs*, Méquignon, 1816.

à la fois quasiment identique à celui de l'homme dans son fonctionnement glandulaire et dans le même temps radicalement différent par ses troubles comportementaux spécifiques qui le font paraître telle une chimère bisexuelle.

Il faut avoir à l'esprit que l'effroi de la puissance sexuelle féminine faisait déjà le berceau d'une misogynie aussi ancienne que répandue, puisant ses sources ou alimentant les mythologies indo-européennes, bibliques, africaines, et plus proches de nous, grecques ou latines. On peut rappeler ici la légende de Tirésias ayant fait la double expérience de l'amour dans un corps d'homme et dans un corps de femme : au cours d'une discussion à ce sujet avec Zeus, en présence d'Héra, il affirma que si la jouissance d'amour se composait de dix parties, la femme en avait neuf et l'homme une seule, ce qui lui valut d'être frappé de cécité par Héra fort en colère de voir ainsi dévoilés les secrets de son sexe.

Notons dès à présent que cette position quasi mythique sur la puissance des substances sexuelles masculines et féminines aura un prolongement inattendu dans l'œuvre freudienne. Dans *Introduction à la psychanalyse,* Freud écrit à propos des névroses actuelles chez les hommes et les femmes « qu'elles résultent des troubles du métabolisme des substances sexuelles, soit qu'il se produise plus de toxines que la personne n'en peut supporter, soit que certaines conditions internes ou même psychiques troublent l'utilisation adéquate de ces substances ». Un peu plus loin, toujours dans le même texte, il évoquera à propos de ces toxines « des lésions toxiques directes »[1].

III. — Le tournant chirurgical

Compte tenu que l'étiologie sexuelle était considérée comme un fait scientifique indiscutable, il devint évident, à partir du moment où la médecine et surtout la chirurgie commencèrent à progresser, qu'un mouvement interven-

1. S. Freud, *Introduction à la psychanalyse* (1916-1917), trad. Jankélévitch, Paris, Payot, 1959, p. 416.

tionniste viendrait se greffer sur des pratiques qui jusque-là étaient plus conjuratoires, magiques ou rituelles qu'autre chose.

A) Le premier temps de la modernisation du savoir fut d'abord perceptible dans la description des dysfonctionnements liés à des étiologies organiques. Ainsi un exemple tiré de la thèse d'un étudiant de Charcot : « Des difficultés insurmontables, survenues dans l'établissement de l'ovulation, ont pu produire une ovarite folliculeuse, une transformation des vésicules de Von Graaf en kystes séreux et l'atrophie des ovaires. Cette première perturbation a été suivie d'un retentissement grave sur les fonctions cérébro-spinales, retentissement ayant amené l'hystéro-épilepsie et la mort. »[1]

C'est ainsi qu'en plein règne de Charcot, le décès d'une patiente conduit un de ses étudiants à affirmer :

a) L'existence d'une liaison entre hystérie et épilepsie (mythe courant également depuis l'Antiquité), hystéro-épilepsie que Charcot, après l'avoir remise au goût du jour, éliminera définitivement dans sa leçon du mardi 18 mars 1889.

b) Que l'hystérie perd sa localisation primaire sexuelle au profit d'une localisation secondaire encéphalique (alors que Charcot affirmait plutôt le contraire).

c) Une suite de réactions en chaîne « insurmontables » entraînant des lésions définitives sur le plan gynécologique lesquelles à leur tour, pour des raisons inconnues et par un obscur mécanisme, génèrent la folie puis la mort. Scientifiquement, cette théorie est constituée d'une juxtaposition de phénomènes événementiels présentés dans leur succession temporelle qui fait curieusement office de lien de causalité ; quant au jargon médical, il ne sert qu'à masquer l'incompréhensible en semblant justifier le raisonnement. La cohérence du tout n'est évidemment assu-

1. J. Tourneux, *Altération de l'ovaire envisagée comme cause de l'hystéro-épilepsie,* A. Deneuve, 1877 (thèse).

rée que par la croyance commune en « la folie utérine » (Pinel) faisant là office de postulat latent inconscient et donnant au discours son véritable sens.

B) Le second temps de l'évolution médicale entérina le fantasme que les événements normaux de la vie génitale féminine contenaient en germe une potentialité hystérique : tout d'abord évidemment la grossesse[1], puis des troubles à qualification plus floue furent également incriminés[2], enfin la chirurgie elle-même fut mise en cause soit de façon négative[3], soit au contraire positive car il fut admis ce raisonnement paradoxal que les interventions chirurgicales pouvaient empirer ou au contraire éradiquer le mal[4].

Avec cet arrière-plan et compte tenu de formations réactionnelles telles que le dégoût face à une sexualité affichée, rien d'étonnant à ce que des femmes entrent dans le jeu en vue de « prévenir » l'hystérie. Ainsi Georgette Dega, étudiante en médecine bordelaise, une des premières femmes médecin, ne trouva rien d'autre comme sujet de thèse que la prévention de l'hystérie par l'éducation[5]. Le cadre de l'hystérie se prête de façon paradigmatique à ce que les femmes soient à la fois garantes et support des théories misogynes ; elles en sont garantes par ce type de publications (pour continuer notre exemple) ou en occupant des postes éducatifs dans des lieux privilégiés comme les pensionnats de jeunes filles où elles transmettent ce type de discours ; elles en sont également le support par leur corps : ainsi « les folles de la Salpêtrière »,

1. P. Réville, *Grossesse et hystérie,* Paris, H. Jouve impr., 1892 (thèse).

2. B. C. Meurisse, *Syndrome utérin et manifestations hystériques,* Lille, L. Danel impr., 1895 (thèse).

3. P. Leroy, Accès intermittents de délire onirique chez une grande déséquilibrée après ablation des ovaires, *Bulletin société clinique de médecine mentale,* séance du 18 décembre 1911.

4. Laffont, Crises hystéro-épileptiformes menstruelles ; ablation du ligament large, guérison définitive, *Algérie médicale,* n° 71, novembre 1933.

5. G. Dega, *Essai sur la cure préventive de l'hystérie féminine par l'éducation,* 1898, Paris, F. Alcan (thèse Bordeaux).

du temps de Charcot, se proposaient comme lieu de projection des théories masculines auxquelles elles finissaient au fond par s'identifier.

Même de nos jours, bien des femmes insistent sur la perte de contrôle qui est la leur au moment de leurs règles. D'ailleurs, n'est-ce pas en fonction de « la fureur utérine », qu'aux États-Unis et en Grande-Bretagne, les homicides féminins accomplis durant les menstrues peuvent parfois tomber sous le coup de l'équivalent de l'ancien article 64 français, selon lequel le prévenu est reconnu en état de démence au moment des faits et donc non responsable ?

IV. — Apparition de l'hystérie masculine

Souligner la reconnaissance d'une hystérie masculine dans un chapitre consacré à la fureur utérine n'est pas faire œuvre de provocation. En effet, à ce niveau historique de la relation entre médecine et hystérie, le fait important à souligner est que, parallèlement à ces publications centrées sur l'intrication de l'utérus et du psychisme, commença à apparaître sans être gêné par la contradiction, le diagnostic d'hystérie masculine. Un des apports majeurs de Charcot, un des rares qui ait perduré en l'état, est la reconnaissance d'une hystérie masculine aux signes cliniques précis : caractère souvent fruste du patient, rapport étroit entre un traumatisme récent et l'apparition de symptômes hystériques (exemples de cas de paralysies hystéro-traumatiques suite à des accidents de chemin de fer[1]. Il est surprenant de noter que la recherche scientifique fut paradoxalement initiée sur ce sujet par les compagnies d'assurances évidemment concernées par le sujet), prédispositions à la somatisation et/ou au passage à l'acte, difficultés d'expression verbale voire franche dégénérescence.

Dès 1880 parurent de nombreux articles centrés sur ce thème, les plus grands psychiatres publièrent même des

1. J.-M. Charcot, *L'hystérie,* Leçons du mardi, 1888-1889, textes choisis et présentés par E. Trillat, Toulouse, Privat, 1971.

leçons à ce sujet[1]. En fait, comme nous venons de le souligner, bien des cas faisaient suite à un événement traumatique et, sous couvert d'hystérie masculine, était décrite une hystérie traumatique qui se déclarait souvent après une période dite d'« incubation » et était mobilisable notamment par l'hypnose. Cette hystérie traumatique aura d'importantes suites freudiennes : Breuer et Freud réutiliseront ce concept dans l'approche des états hypnoïdes et Freud bâtira à partir de ce type d'observations cliniques la théorie du trauma en deux temps et dont nous parlerons dans le chapitre sur l'hystérie freudienne[2] ; Freud décrira également une névrose traumatique notamment dans « Au-delà du principe de plaisir »[3].

La construction d'une hystérie masculine n'arrêta nullement l'avancée de la théorie utérine car il existe dans toute recherche des reliquats de théorie sexuelle infantile qui se manifestent par la coexistence de croyances contradictoires mais néanmoins assumées consciemment ; évidemment, l'hystérie ne peut qu'être un paradigme de ce constat, de sorte que si ce qui origine dans le corps de la femme l'hystérie est un dysfonctionnement de l'utérus (et donc une causalité spécifiquement féminine), qu'est-ce qui est en question dans l'hystérie masculine ? L'inconscient n'en a cure car il a sa logique propre : chez la femme c'est l'utérus, chez l'homme c'est « autre » tout en étant la même chose, la féminité refoulée vraisemblablement. L'hystérie est en fait sous-tendue par la notion de bisexualité[4], « l'hystérique femme s'adresse à l'hystérique homme pour réinvestir la partie ignorée d'elle-même. Et réciproquement[5] ». Même si Charcot n'y fait pas claire-

1. J. Grasset, *Leçon : « Un cas d'hystérie mâle avec astasie-abasie »*, Paris, Masson, 1889.
2. S. Freud et J. Breuer, *Études sur l'hystérie*, Paris, PUF, 1956.
3. S. Freud, Au-delà du principe de plaisir, *Essais de psychanalyse*, trad. J. Laplanche et J.-B. Pontalis, Paris, PB Payot, 1984, p. 73-75.
4. La bisexualité sera étudiée dans le chapitre sur l'hystérie freudienne.
5. G. Bonnet, *Le transfert dans la clinique psychanalytique*, Paris, PUF, 1991, chap. « Transfert et double ».

ment allusion, n'est-ce pas la part féminine de tout homme qui intervient dans l'hystérie masculine ? Les fantasmes masculins de grossesse, d'accouchement, la peur du sang allant jusqu'à l'évanouissement ne signent-ils pas une identification à la féminité ?

Charcot avait pressenti l'importance de la mise en lumière d'une hystérie masculine lorsqu'il écrivit : « Mettez-vous bien dans l'esprit, et il ne faut pas un grand effort pour cela, qu'en soi le mot hystérie ne signifie rien, et peu à peu vous vous habituerez à parler d'hystérie chez l'homme sans songer le moins du monde à l'utérus. »[1]

Le diagnostic d'hystérie est en médecine un véritable butoir surtout en ce qui concerne les femmes, comme nous le verrons à la fin de ce chapitre. Néanmoins, en vue de généraliser les dangers qui existent dès qu'il est posé, même chez un homme, un contre-exemple tiré d'une pratique en centre anticancéreux :

« Un patient arrive au Centre en vue d'une intervention au larynx. Quelques instants auparavant, dans l'ambulance qui le transportait de la banlieue Nord au sud de Paris, il avait été pris d'une crise rénale qualifiée, par les ambulanciers, de crise de coliques néphrétiques. Selon les dires des deux hommes exaspérés, le patient avait hurlé tout le temps du transport. Sur le dossier fut mentionné au premier compte rendu : "Crise probable de coliques néphrétiques pendant le transport en ambulance, majoration psychique ++." Le patient fut alors mis sous tranquillisants à faibles doses et transféré du service ORL où sa place avait été retenue, à l'annexe de l'hôpital en vue de le laisser se rétablir pour que la laryngectomie envisagée ait lieu dans de bonnes conditions.

« C'était un méridional d'une cinquantaine d'années, jovial et drôle, doté d'un fort accent du Midi. Il confia, à la joie générale, qu'il portait perruque et qu'il fallait veiller au maintien de celle-ci en toutes circonstances : son remariage était récent et sa très jeune épouse l'ignorait. Pour le personnel soignant, qui le tenait en grande sympathie, son lit devint rapidement un lieu de rendez-vous du rire et de la bonne humeur. Une crise rénale réintervint mais elle fut jugulée rapidement par des antalgiques puissants.

1. J.-M. Charcot, *Leçons du mardi à la Salpêtrière,* Progrès médical, 1888.

« Le malade décéda un mois plus tard, sans que le traitement prévu débutât : l'autopsie montra un tableau métastatique généralisé avec un envahissement bilatéral au niveau des reins. »

Ce cas implique plusieurs sortes de commentaires :

— Certes le pronostic était fatal à court terme mais ce constat n'empêcha pas ultérieurement une forte culpabilité du personnel soignant liée au fait que le diagnostic d'invasion rénale ne fut jamais envisagé à cause de « l'attitude » du malade. Ses douleurs, normales en pareil cas, s'étaient exprimées sur un mode qui avait suscité le blocage de la capacité diagnostique du personnel.

— Sa situation familiale, son identité, sa perruque (artifice dérisoire de la féminité), son fort accent furent des circonstances aggravantes et achevèrent le tableau.

— Paradoxalement, le courage de cet homme fit le reste car il fut évident, dans l'après-coup, qu'il avait dû énormément souffrir mais sa pudeur et son quant-à-soi le conduisirent à faire rire plutôt qu'à essayer d'attirer l'attention.

— **De toute évidence il ne s'agit pas d'hystérie masculine ;** en pareil cas, le malade n'induisit vraisemblablement pas le personnel en erreur plus ou moins consciemment, il joua courageusement sa partie jusqu'au bout. C'est probablement le déclenchement spectaculaire de la première crise rénale dans l'ambulance qui compromit la suite des événements : elle évoquait un phénomène de majoration de la douleur physique telle qu'elle existe dans l'hystérie, l'accent du Midi aidant, il ne restait qu'un pas qui fut franchi.

V. — Le versant psychologique de la théorie utérine

L'évolution historique actuelle montre la rencontre « officielle » de la chirurgie et de l'hystérie : quand, disait encore Charcot, une *mania operativa activa* et une *mania operativa passiva* se croisent, cela peut conduire au danger. Contrairement aux idées reçues, l'hystérie est, et demeure, une maladie sur laquelle la médecine intervient physiquement, ce qui peut conduire aux pires excès voire à la mort. Cela s'explique en partie par la manipulation du milieu médical à laquelle se livre l'hystérique.

Dès l'origine, avons-nous écrit, l'hystérie a eu une étiologie organique et une étiologie psychique ; de nos jours, nous dirions que celle-ci consiste dans le fait que « la patiente apporte son corps comme une énigme [...] A seule fin de représenter la différence sexuée, fondée sur l'objet-phallus, le fait hystérique apporte la révélation de désigner cette différence non point par le représentant qui est anatomiquement porteur du dit objet (le pénis) mais par celui au contraire qui en est dépourvu[1] ».

Depuis toujours l'hystérique offre son corps, ses douleurs, et se présente comme possédant une forme de pouvoir (de souffrir certes mais offrir ses souffrances à l'autre a, dans les civilisations judéo-chrétiennes, une connotation de pouvoir ; le Christ a offert sa souffrance pour la Rédemption de l'humanité) puisqu'elle met en échec l'ensemble du corps médical. En conséquence le représentant du pouvoir (du phallus) ne peut que se livrer à une lutte sans merci avec celle qui, bien qu'en étant officiellement « dépourvue », se pose en fait comme détentrice ; c'est là qu'il apparaît clairement que le versant psychique de l'hystérie a comme corollaire la relation de l'homme (voire aussi celle de la femme, d'ailleurs) à la sexualité féminine ainsi représentée. Autrement dit, l'hystérique ne cesse d'engager un combat douloureux avec le représentant complémentaire masculin le plus valorisé socialement en vue d'entériner son fantasme de toute-puissance que partage inconsciemment son interlocuteur.

L'association femme hystérique – homme paranoïaque ou pervers[2] trouve son apogée dans la relation chirurgie-troubles gynécologiques : la logique de ce couple idéalement complémentaire se joue là sur la scène privilégiée du

1. J.-P. Valabréga, *Phantasme, mythe, corps et sens,* Paris, Payot, 1980.

2. Association que nous trouverons constamment réalisée dans l'approche politique et religieuse de l'hystérie.

savoir médical dans une relation sadomasochique équivoque et réversible ; l'homme prend barre sur la femme par la puissance de son statut de supposé-savoir et elle répond dans la souffrance de son corps, ruse inconsciente qui signe l'échec du phallus et sa transmission de lui à elle. Au discours de la subversion hystérique ne peut que correspondre le passage physique à l'acte de celui qui est manipulé pour être dans une position de paranoïa et ne voit d'autre issue que de concrétiser de cette manière son incapacité à mettre en parole, à élaborer sa propre souffrance psychique face à l'échec qui lui est imposé. Lucien Israël[1] souligne à maintes reprises que l'acharnement thérapeutique sur le corps de ces malades n'est pas tant désir de guérir ou de soulager qu'au contraire obstination liée souvent à une erreur diagnostique « involontaire ».

Les hystériques sont des malades du verbe et de son interprétation : leur parole a le privilège d'être profuse, diffuse, symbolique sur elle-même et a pour fonction inconsciente d'empêcher l'écoute du symptôme. Face à une énigme verbale (n'oublions pas que l'hystérique parle tout en exhibant son corps), le chirurgien ne pourra répondre que par la force physique faute d'arriver à avoir le dernier mot[2]. Comme il existe incontestablement, pour chacun d'entre nous, une primauté des signifiants auditifs sur les visuels et que l'hystérique ignore la clause du silence, ce sont les chaînes de signifiants émises de façon plus ou moins

1. L. Israël, *op. cit.*

2. Dans la symptomatologie hystérique, la problématique du dernier mot est capitale ; le patient ne laisse jamais le dernier mot à l'autre : il cannibalise systématiquement l'interprétation surtout si elle lui a offert la possibilité de saisir furtivement une part de sa vie psychique, cette visée d'annulation étant une des manières de mettre en scène la relation thérapeutique négative. Dans un tel contexte, signifier fermement la fin d'un entretien à un patient, en ne pouvant faire autrement que de le laisser sur un dernier mot à soi, faute de maîtriser sa logorrhée, est fréquemment à l'origine d'un acting. Il peut alors agir masochistement sur un mode ou un autre (tentatives de suicides, accidents, bévues, erreurs graves voire troubles somatiques lourds nécessitant une intervention médicale massive) de telle sorte qu'il aura l'impression d'avoir eu le dernier mot. C'est techniquement là une clause dont il faut tenir compte.

consciente par la malade qui prévaudront pour le médecin. En d'autres termes, celui-ci est sous la fascination-répulsion d'un discours au lieu d'être dans la collation et le tri des signes essentiels à son intervention. De plus, tout se passe paradoxalement pour le soignant comme si un diagnostic était nécessairement prévalent sur l'autre, comme si une évidence symptomatologique en annulait une autre (et ce d'autant plus curieusement quand elle concerne une spécialité médicale qui n'est justement pas la sienne). Israël cite le Pr Barré, neurologue célèbre, qui avait coutume de dire : « on peut avoir à la fois le Poireau (Mérite agricole) ET la Légion d'honneur »[1].

Une illustration clinique :

« Je reçois pour un premier entretien une patiente les traits tirés, des signes de souffrance physiques évidents, se tenant dans une position antalgique. Elle commence par me signaler un retard de règles qui, souligne-t-elle, n'aurait aucune importance puisqu'elle porte un stérilet ; elle ajoute que son gynécologue lui conseille de prendre son mal en patience en attendant que tout rentre dans l'ordre. A ce point de son discours elle associe sur son masochisme, sa capacité à tout dramatiser, à se plaindre de tout.

« Au bout d'un certain temps, je n'entends plus rien tant les signes de souffrance sont évidents bien qu'ostentatoirement minorés. L'idée obsédante s'impose à moi que cette femme fait une grossesse extra-utérine et qu'elle est probablement en train de déclencher un avortement spontané avec ses conséquences prévisibles. Au vu du spectacle physique qu'elle m'offre, je finis par lui suggérer d'aller à l'hôpital se faire examiner puis de reprendre un autre rendez-vous. Culpabilité et perplexité de terminer ainsi un premier entretien : sur quel terrain me suis-je laissée entraîner ? Ai-je regardé ou ai-je écouté ?

« Le lendemain elle m'a téléphoné pour me remercier : elle avait été opérée en urgence et la trompe menacée avait pu être sauvée. La patiente n'est jamais revenue. »

Que s'est-il passé en pareil cas ? Le gynécologue avait fait un diagnostic (depuis longtemps semblait-il) dans la sphère psychologique (que la malade entérinait

1. L. Israël, *op. cit.*

elle-même), alors que la psychanalyste a été conduite à émettre un diagnostic gynécologique. L'un et l'autre avaient raison, mais le problème se posait là en termes d'urgence et de logique des opérations d'intervention ; la patiente cumulait deux séries symptomatiques, une psychiatrique et une gynécologique.

Dans ces cas, tout se passe comme si l'adhésivité du soignant à l'un des symptômes, à savoir le phénomène de majoration psychique, provoquait réactionnellement chez lui une réaction paranoïaque par refus d'être manipulé qui entraînait, entre autres conséquences, l'annulation du diagnostic physique au profit de celui de simulation. Contrairement à l'opinion de Babinski, la notion de simulation n'est ni un diagnostic ni un symptôme mais un jugement de valeur sur la qualité du discours entendu qui, comme tout autre, peut être entaché d'erreurs graves ; dans la vignette présentée, la majoration psychique se trouvait être la minoration de la douleur, car l'hystérique, dans des pathologies plus psychosomatiques que conversionnelles, peut majorer la douleur psychique tout en minorant l'atteinte somatique. Comme Freud le fait remarquer à plusieurs reprises dans les *Études sur l'hystérie,* c'est d'une souffrance morale que l'hystérique est l'objet.

— Dernier retour vers la clinique médicale : de nos jours encore, et malgré l'évolution du savoir, dès que le diagnostic d'hystérie est plus ou moins sous-tendu, et il l'est dès qu'un patient dérange comme nous l'avons vu dans les deux cas décrits, les erreurs médicales pleuvent car, dans le temps même de leur conception, elles sont projetées sur la volonté « mauvaise » du patient. Le médecin se défend de l'erreur au moment où il l'actualise.

Citons donc un certain nombre d'exemples tirés de l'écoute hospitalière : ovariotomie inversée, ablation de l'ovaire sain (la deuxième intervention rectificative signant la stérilisation de femmes en âge de procréer) ; hystérectomie inutile sur des dysménorrhées (cas fréquents pour des femmes originaires du Bassin méditerranéen : Espagnoles, Portugaises, Nord-Africaines) ;

interventions chirurgicales sur le vagin à la suite d'une banale dyspareunie, etc.

Il est exemplaire que ces interventions ont toutes lieu dans la sphère génitale et que le dossier fait souvent mention de l'exagération mimique, gestuelle ou verbale des femmes qui les ont subies. Le pire est à craindre quand il existe une identification angoissante du médecin au malade, par exemple une intervention d'exérèse sur une femme célibataire d'une quarantaine d'années : l'angoisse de la castration (au sens le plus littéral du terme) hystérise la situation et fait le lit de l'erreur. En allant plus loin, on peut penser que le fantasme d'une hystérie possible chez le patient hystérise le soignant et le conduit au passage à l'acte.

De toutes les façons la théorie utérine n'est-elle pas un mode d'inscription de la différence des sexes dans l'inconscient collectif ? L'analyse des expressions obscènes en apporte une preuve évidente : que « souhaite »-t-on à une mégère acariâtre si ce n'est de changer grâce à des rapports sexuels satisfaisants qui permettraient une chute de sa tension agressive ? L'interjection de « mal baisée » est, à l'insu des locuteurs, digne de Hippocrate ou de Louyer-Villermay qui soulignent que toute saute d'humeur féminine est preuve vulgaire de privation sexuelle et du deuil de la jouissance. **Les théories sur l'hystérie sont peut-être une des extrêmes de l'inscription de la différence des sexes dans l'inconscient et, en ce cas, la notion de fureur utérine pourrait être un équivalent du déni de la castration féminine.**

VI. — La sexologie

Face à ces désirs féminins, ces insatisfactions évidentes, ces frustrations patentes, la théorie de la névrose d'angoisse fut créée par Freud[1] et, retour à l'histoire,

1. Cf. le chapitre sur l'hystérie freudienne, § IV, « Création de la névrose d'angoisse » (p. 107).

c'est de la sexualité dans le présent qu'il fit la base de son édifice.

De toutes les façons la tentation était prévisible et sa réalisation avait déjà été plus ou moins effleurée : face à ces partenaires masculins systématiquement défaillants, la médecine pouvait-elle proposer une technique palliative de substitution ? Si le trouble, hystérique ou névrose actuelle, était le résultat d'une éjaculation intériorisée faute de partenaire, au fond il était logique, en vue d'interrompre la crise, de tenter de procurer un authentique orgasme. Déjà en 1816, Louyer-Villermay avait pensé que cela était délicat mais au moins envisageable : « Nous sommes loin de penser qu'un pareil expédient puisse être autorisé par les médecins, nous croyons au contraire qu'il doit être interdit ou laissé dans l'oubli, quand ceux qui entourent ces malades n'en ont pas connaissance. En effet, si les accès sont peu intenses, il faut les abandonner à la nature ou les guérir de quelque autre manière ; si au contraire ils sont portés au degré le plus violent à ce point qu'on rencontre très rarement de menacer la vie des malades, nous doutons que ce moyen réussisse à les sauver du péril auquel elles sont exposées, cette condition serait cependant la seule qui pourrait faire enfreindre la mesure prohibitive et générale. »[1] Par son ambiguïté même, le ton de cette prétérition souligne que Louyer-Villermay, loin de penser à pareil « expédient » (!), l'envisage dès lors que les malades et leur entourage en ont eu vent puisque, semblait-il, le dilemme, l'orgasme ou la mort, était perçu comme ayant une certaine réalité scientifique.

Penser, comme cela a été souvent affirmé, que Freud est le premier à avoir souligné l'importance vitale de la sexualité trouve là un démenti cinglant : qui oserait, quel analyste moderne le plus dénué de préjugés, soutiendrait que l'absence d'orgasme pourrait entraîner une issue

1. Louyer-Villermay, *in* Corraze, *op. cit.*

fatale ? Dès le début du XIXe siècle, la conception de Louyer-Villermay tend à affirmer que le plaisir sexuel est la pierre angulaire de l'équilibre et de la vie humaine, ce que les dernières théorisations de Michel Foucault[1] soulignent en quelque sorte.

Cette position médicale nous apparaît extrême même si ce type de traitement était présent (nous l'avons vu) dès l'Antiquité égyptienne et grecque, et est probablement à l'origine du savoir sexologique ; en fait toutes les cultures ont insisté, sur un mode plus ou moins masqué, sur cet aspect important de la vie relationnelle. Pasini[2] souligne que les aphrodisiaques sont déjà mentionnés par le gynécologue Soranos au IVe siècle av. J.-C.

La sexologie, discipline paramédicale actuelle, comprend la psychopathologie sexuelle telle qu'elle existe dans les travaux de Kraft-Ebing ou Hawelock-Ellis et des techniques d'approches comportementalistes, psychodynamiques, systémiques visant toutes plus ou moins au rétablissement d'un fonctionnement sexuel satisfaisant pour le sujet.

Comble de l'ironie et cohérence théorique parfaite : alors que l'hystérie et ses dysfonctionnements sont à l'origine même de ce type d'intervention, ils s'en trouvent exclus une fois de plus. Helen Kaplan, célèbre sexologue de la Cornell University de New York, souligne « une contre-indication aux thérapies sexuelles chez les patients à organisation hystérique qui érotisent la thérapie elle-même et dont les prescriptions sensorielles ou érotiques sont soumises à une facile manipulation »[3].

La solution pragmatique n'est pas thérapeutique pour

1. M. Foucault, *Histoire de la sexualité. La volonté de savoir,* Gallimard, 1976. Dès l'introduction « Nous autres, victoriens », Foucault lie répression sexuelle et avancée du capitalisme et interroge longuement le fait que la répression du sexe n'est peut-être pas une évidence historique.

2. W. Pasini, Thérapeutiques sexologiques et leurs applications en psychiatrie et en médecine psychosomatique, *EMC Psychiatrie,* 37820 A 10, septembre 1982.

3. W. Pasini, *op. cit.*

l'hystérique, car ce n'est pas dans le réel que gît le problème ; ce retournement (neutraliser l'empêchement en vue d'un progrès), fécond pour d'autres troubles sexuels, n'est justement pas pensable pour l'hystérie qui en a permis la conception.

VII. — La relation médecin-malade

Si la théorie utérine a involontairement contribué à la création de la sexologie, elle a probablement été tout aussi présente dans l'ensemble des travaux autour de la relation médecin-malade ; pour une certaine part, la vue et le vécu des violences de la relation à l'hystérique dans sa féminité ont dû inconsciemment conduire quelques praticiens à poser des systèmes de décodage et de points de repère dans la relation médicale : il en a été ainsi de Balint[1], Valabrega[2], Sapir[3]. La relation médecin-malade n'est pas une discipline en soi, elle est néanmoins un champ de recherche fructueux et constamment interpellé que l'hystérique a contribué à créer.

1. M. Balint, *Le médecin, son malade et la maladie,* Paris, PB Payot, 1973.
2. J.-P. Valabrega, *La relation thérapeutique malade et médecin,* Flammarion, 1962.
3. M. Sapir, *Soignant-soigné,* Payot, 1980.

Chapitre III

LE COURANT CÉRÉBRAL ET LE COURANT NERVEUX

Dès l'Antiquité le double rôle du système nerveux était perçu, à savoir régler la sensation et le mouvement (d'où, dès le début, la conscience de son importance dans toute étiologie de troubles moteurs et/ou sensoriels) et régenter la totalité des fonctions organiques ; le SN a toujours eu une potentialité à mobiliser l'imaginaire, d'une part par son irreprésentabilité, dans la mesure où il n'est pas perçu dans sa globalité, et d'autre part parce qu'il est difficilement compréhensible théoriquement et ce, à quelque époque que ce soit. Ce contexte en a donc fait un des acteurs de choix de la causalité hystérique puisqu' « il sera le dernier refuge de l'animisme parce que le seul capable d'aller, à distance, porter aux extrémités du corps les représentations du "sensorium commune" »[1].

Historiquement, les rapports entre hystérie et système nerveux sont extrêmement complexes dans la mesure où ils ont été codifiés par deux courants de systématisation théorique : le courant cérébral et la théorie nerveuse qui se transformeront, dans un deuxième temps, en courant convulsif et courant neurologique à proprement parler.

1. J. Corraze, *op. cit.*

I. — Les précurseurs

Les historiens de l'hystérie comme Trillat, Corraze, Ilze Veith et, dans une bien moindre mesure Michel Foucault, s'entendent essentiellement sur un seul point : c'est Charles Lepois (1563-1633) et Thomas Willis (1621-1675) qui ont, les premiers, émis l'hypothèse d'une localisation cérébrale de cette pathologie. Pour ces deux auteurs, l'hystérie, identifiée à la convulsion, siégeait dans le cerveau et les « esprits animaux » circulaient à travers le corps par l'entremise du système nerveux. Les esprits animaux, selon Trillat, « pourraient être des équivalents de ferments qui subiraient des distensions brusques et provoqueraient des convulsions »[1].

En fait les théoriciens du XVIIe siècle se répartissaient en tenants des esprits animaux et tenants des vapeurs. En 1689, Lange écrivit un *Traité des vapeurs*[2] dans lequel les semences, féminines essentiellement, empoisonnaient le sang (hypothèse déjà émise par Galien), et pouvaient se transformer en vapeurs hystériques qui montaient au cerveau par l'entremise des nerfs, créant ainsi la convulsion. Le fait pathologique étant dû, dans certains cas, à la transformation des substances organiques sexuelles en vapeurs délétères circulant par le SN, ces deux catégories de théories constituaient ainsi une transition entre l'approche utérine et l'approche nerveuse. Ces maladies de nerf étaient des maladies de la « sympathie » (du grec *sympathia* : participation à la souffrance d'autrui) : dans ce mode de raisonnement issu de la pensée animiste, la sympathie est le fait que les choses agissent à distance les unes sur les autres par une attirance secrète ; ainsi, les nerfs véhiculent vapeurs ou esprits animaux qui se « reconnaissent » entre eux et interagissent les uns sur les autres[3].

1. *Op. cit.*, p. 63.
2. Lange, *Traité des vapeurs*, Paris, Denis Nion, 1689.
3. Sur la magie sympathique, cf. J. G. Frazer, *Le rameau d'or* (1890), Paris, Laffont, 1981.

Au XVIIIe siècle, nouveau changement : hypocondrie et hystérie s'amalgament[1]. Nous avions cité, dans le premier chapitre, la subtile définition de Sydenham sur l'hystérie « caméléonesque » qui avait la capacité de mimer la maladie, de l'imiter en tout. Ce faisant, Sydenham expulsa ainsi l'hystérie de l'utérus pour en faire la maladie nerveuse de l'imitation ; lorsqu'il arriva à ce point de son raisonnement, il ne lui resta plus alors logiquement qu'à lui adjoindre l'hypocondrie, autre simulation de maladie. Et voilà comment, pendant un peu moins d'un siècle, l'hypocondrie devint aux hommes ce que l'hystérie était aux femmes. C'est au XIXe siècle qu'on exhumera les travaux de Hoffmann (1660-1742), puis ceux de Cullen (1710-1790, « l'inventeur » du terme « névrose ») pour les séparer à nouveau[2].

Citons pour le folklore, dans un chapitre qui n'en manque cependant pas, Pomme (1735-1812) et son *Traité des affections vaporeuses*[3], dont la seule originalité consistait à imaginer que les affections vaporeuses étaient liées aux racornissements des nerfs par évaporation du fluide lubrifiant (toujours le corps de la femme qui se dessèche, mais à la mode de chaque époque). Il proposait comme thérapeutique l'hydrothérapie sous toutes ses formes, ancêtre probable de la moderne thalassothérapie !

II. — Le courant convulsif

Georget, en 1820, réaffirma que le siège de l'hystérie se trouvait exclusivement dans le cerveau, même si ses manifestations mobilisaient le corps en son entier[4] :

1. Cf. à ce sujet M. Foucault, *Histoire de la folie à l'âge classique*, Paris, Plon, coll. « 10/18 », 1964, notamment le chap. IV, p. 127-154 dont les conclusions sont néanmoins récusées par Corraze, *op. cit.*, p. 49.
2. Sur les travaux de Cullen et Hoffman, voir Trillat, *op. cit.*
3. Pomme, *Traité des affections vaporeuses des deux sexes*, Lyon, Duplain, 1765.
4. E. J. Georget, *De la folie*, Considérations sur cette maladie, Paris, Baillère, 1820, p. 128.

« On a dit que la plupart des femmes insensées étaient hystériques : les auteurs qui ont avancé cette opinion ont confondu l'hystérie avec la nymphomanie ou fureur utérine. La première est une affection convulsive dont les principaux phénomènes se passent dans la région épigastrique, la poitrine et la partie antérieure du col ; ce n'est qu'au troisième degré qu'elle devient plus générale ; les malades ne sont pas plus portées aux plaisirs de l'amour que dans les autres états de la vie, leur esprit est sain. La seconde consiste, au contraire, dans une exaltation des désirs vénériens, avec une irritation particulière des organes génitaux ; la raison en est ici rarement intacte ; la passion dominante dirige toutes les actions, la démence a disparu, etc. ; mais il n'y a jamais de mouvements convulsifs bien marqués. »

Chacun voyant midi à sa porte, voici créée par Georget, une entité nouvelle autonome, « la fureur utérine[1] ou nymphomanie », rigoureusement scindée de l'hystérie. La différence essentielle porte, si l'on peut dire, sur l'épicentre des secousses : l'hystérie de Georget s'ennoblissant de ses origines encéphaliques, nous trouvons un déplacement du haut vers le bas ; les convulsions attaquent au niveau de l'estomac, de la poitrine et du cou (toujours la boule œsophagienne déjà décrite par les Anciens) avant de se généraliser alors que dans la nymphomanie c'est l'habituel *déplacement du bas vers le haut*, c'est d'abord l'irritation des organes génitaux qui contamine le reste du corps. L'hystérique ni folle ni « insensée » (les symptômes psychologiques n'étant considérés que comme une complication sans valeur propre) n'est pas portée au plaisir de l'amour ; ce jugement de valeur sur la sexualité dans l'hystérie mis en parallèle à la description de la fureur utérine soulignant l'exaltation des désirs vénériens[2], assimile purement et simplement la pulsion sexuelle à une tendance morbide et mortifère marquant le corps de ses signes infamants ; notons dès à présent que cette trace visible de la folie morale et de la perte du sens des valeurs

1. Rappelons que l'expression « fureur utérine » est de Pinel et que, pour lui, elle était l'essence même de l'hystérie.
2. Vénérien = de Vénus, déesse de l'Amour.

humanistes dans la fureur utérine, sera le postulat de base sur lequel se bâtira la théorie de la dégénérescence.

Georget fera école en divisant les maladies nerveuses ou névroses, en deux classes : la première comprenant la folie et l'hypocondrie, la seconde étant un véritable fourre-tout des différentes formes de maladies convulsives : « hystérie, épilepsie, danse de Saint-Guy, catalepsie, asthme convulsif, coqueluche »[1]. Cet amalgame étrange était fondé sur un seul trait commun, la convulsion, même si, à l'époque, il devait être cliniquement évident que ces maladies avaient peu de rapports entre elles : cette démonstration souligne cependant le fantasme de l'omniprésence de l'hystérie qui aura, le siècle suivant, une importante filiation scientifique.

III. — **Détour par l'épilepsie et l'hystéro-épilepsie**

Depuis toujours la ressemblance entre l'épilepsie et l'hystérie a frappé les médecins. Hippocrate différenciait « la maladie sacrée » (mal d'Héraclès, un demi-dieu, d'où sa qualification de sacré) et la « suffocation de la matrice », maladie de la femme à connotation quotidienne et triviale : il n'en faisait cependant pas un système de valeur, l'épilepsie dépendant du cerveau était une maladie mentale alors que l'hystérie étant utérine, s'inscrivait dans les maladies organiques. Notons que la différenciation maladie physique - maladie mentale s'est posée de façon exemplaire à travers l'épilepsie, l'hystérie et l'hypocondrie.

La ressemblance phénoménologique évidente entre convulsions épileptiques et hystériques entraînera, par une logique déductive mais scientifiquement régressive, l'apparition en 1865 du diagnostic d'hystéro-épilepsie. C'est Moreau de Tours (le père) qui, à la Salpêtrière où il officiait avec son collègue Charcot, créera une véritable

1. E. J. Georget, *op. cit.*

échelle graduelle entre l'hystérie et l'épilepsie passant successivement par l'hystérie convulsive et l'hystéro-épilepsie[1]. En accord avec Charcot on fit alors pencher l'entité vers la neurologie puisque Charcot était le tenant inébranlable d'une **étiologie organique** de l'hystérie rendant toute simulation impensable si non impossible.

Bourneville, assistant « officieux » de Charcot de 1871 à 1879, s'introduisit par cette brèche et, comme il travaillait à Bicêtre dans un service d'enfants idiots et épileptiques, il fit rejoindre à la pédopsychiatrie balbutiante les positions théoriques de la psychiatrie adulte[2]. De toutes les manières, la théorie continuait de se mettre en place[3] ; néanmoins le Maître condamna, après de multiples avatars, la chimère qui mourut d'une façon qu'on aurait pu croire définitive dans la leçon du mardi 18 mars 1889.

IV. — **Le néo-courant convulsif**

Le courant convulsif perdure cependant :

A) Depuis 1968, date de la séparation de la neurologie et de la psychiatrie, chaque fois que la question de l'épilepsie chez l'enfant est abordée, se pose l'interrogation de la diminution des anti-convulsifs pour ceux qui sont suivis en psychothérapie ; certains pédopsychiatres affirment qu'à l'évidence la crise se joue sur un fond théâtralisé et que son intensité est modulée par la relation aux parents et le transfert : n'est-ce point là une manière de retrouver l'hystéro-épilepsie ?

B) Cette résurgence est encore plus évidente dans la filiation convulsive pure comme le spasme du sanglot : cette décharge, accompagnée ou non de perte de cons-

1. J. Moreau de Tours, *De la folie hystérique et de quelques phénomènes nerveux propres à l'hystérie convulsive, à l'hystéro-épilepsie et à l'épilepsie*, Paris, Baillière, 1869.
2. D. M. Bourneville et collab., Recherches cliniques et thérapeutiques sur l'épilepsie, l'hystérie, et l'idiotie, journal *Le progrès médical*, 1884.
3. P. Richer, *Études cliniques sur l'hystéro-épilepsie, ou grande hystérie*, Delahaye et Lecrosnier, 1881.

cience, est attachée analogiquement à l'hystérie chez l'enfant quand il n'existe pas de comitialité associée[1] : « la forme virile et la forme féminine du spasme du sanglot éveillent des échos familiers. Elles suivent une loi mal connue qui fait que l'expression symptomatique prend tantôt une forme active, motrice, tantôt une forme passive, hypotonique, sensorielle »[2] ; le milieu familial pense à une origine cérébrale et, entérinant inconsciemment le fait, les médecins prescrivent des médications anti-convulsives, créant *ipso facto* un champ commun à l'hyperexcitabilité nerveuse et/ou psychique et la décharge cérébrale comitiale.

C) En dernier ressort, l'hystéro-épilepsie semble avoir accouché, essentiellement en France, de deux rejetons déjà évoqués, la tétanie et la spasmophilie ; on retrouve dans ces trois diagnostics un mode de pensée scientifique comparable :

— d'abord l'affirmation d'une base organique incontestable pour les uns, sujette à discussion pour les autres : épilepsie pour hystéro-épilepsie, troubles du métabolisme du calcium et du magnésium pour la tétanie et la spasmophilie ;
— ensuite la modulation de cette base organique par la personnalité hystérique du sujet ;
— le tout créant une affection autonome scindée de l'hystérie. En fait ce dilemme est lié à la primauté, accordée ou non, à l'étiologie : est-elle à rechercher dans le corps ou dans la psyché, s'agit-il de troubles métaboliques ou de troubles psychiques ? Est-ce une clinique phénoménologique des convulsions qui crée le champ psychopathologique ou celui-ci n'est-il circonscrit que par de difficilement décelables molécules chimiques ou de non moins mystérieux ions électriques ? Ce n'est

1. H. Beauchesne, *L'épileptique,* Paris Dunod, 1980 ; L. Kreisler, M. Fain, M. Soulé, *L'enfant et son corps,* Paris, PUF, 1981.
2. M. Fain, in *L'enfant et son corps,* p. 209.

pas là casuistique car de ce postulat dépendra l'établissement d'un protocole thérapeutique : modification du terrain biologique par adjonction médicamenteuse ou thérapie psychologique.

« C'est Corvisart[1] qui dans sa thèse en 1853, proposa le terme de tétanie avec la définition suivante : "crise d'acrocontractures de déclenchements provoqués ou spontanés". Ultérieurement on devait comprendre qu'elle pouvait être symptomatique d'un quelconque des ions qui participent à l'excitabilité nerveuse... Lorsque l'anomalie caractéristique est représentée par la découverte de multiplets répétitifs de l'activité myo-électrique (...) il semble légitime d'utiliser un terme plus vague mais encore signifiant (...) la spasmophilie (...). La personnalité du spasmophile montre que la forme générale des profils est quasiment identique à celle des hystériques, mais avec des déviations moindres (...). Le spasmophile est la pomme de discorde des thérapeutes (...).. Si les résultats chimiques sont satisfaisants, le déficit métabolique semble constitutionnel, et doit être presque indéfiniment compensé. »

Le paradoxe de cette atteinte, inconnue dans la plupart des pays étrangers, est qu'elle s'est compliquée par des « découvertes » à la fois biologiques et/ou électromyographiques qui ont conduit à créer une deuxième entité, la spasmophilie, fondée semble-t-il sur un autre type de déficit ionique.

L'hésitation se retrouvera évidemment au niveau de la thérapeutique : le malade doit-il prendre de façon constante du magnésium et du calcium ? Cette maladie est-elle chronique comme, par exemple, le diabète insulinodépendant ? Pour justifier telle ou telle position, existe-t-il des études épidémiologiques sur les carences magnésiques et calcémiques ? Les personnes souffrant de ce type de carence ont-elles toutes une symptomatologie convulsive ? Que cela soit le cas ou non (et il est assez général d'admettre que cette hypothèse est négative), pourquoi évoquer après ces constats biologiques l'existence d'un « profil hystérique » ? Qu'est-ce qu'« un profil hystérique, avec des déviations moindres » ?

1. G. Ferrey, Spasmophilie, *EMC Psychiatrie,* 10, 1977, 37670 A 75.

Que résout une telle entité clinique si ce n'est neutraliser l'angoisse médicale devant l'impuissance thérapeutique par un passage à l'acte le plus délicat possible et renarcissiser en outre le malade par un diagnostic supportable pour son ego ? Prescrire du calcium et du magnésium c'est agir, refuser de se cantonner dans l'immobilité castrante enseignée dès la Faculté dans le rapport aux hystériques ; c'est mettre entre le malade et soi un objet transitionnel, pharmakon ou placebo, visible, manipulable et avalable ; par ce biais, la bouche pleine de douleurs se reconvertit en une bouche prise en charge pleine de médicaments et alors *la souffrance psychique n'est plus nommée que carence calcémique ou manque de magnésium.* L'affect, la demande d'amour et de tendresse sont subtilement et probablement positivement transformés par l'adjonction de magnésium et de calcium ; en outre, bénéfice secondaire incontestable pour le médecin, ce cas est entendu dans la sphère relationnelle banale et tranquillisante médecin-malade et non pas dans l'aire d'agression mutuelle que constitue habituellement la rencontre hystérique-médecin.

L'hystérie est toujours à la pointe du savoir scientifique : biologique il y a quelques années, à l'heure actuelle elle se coule dans les profondeurs anatomiques d'où l'utilisation systématique du scanner (notamment devant certaines migraines rebelles). Dans cette atteinte, le consensus inconscient médecin-malade est que la logique clinique ne se doit de répertorier que les signes invisibles, non ceux « vulgairement » repérables ; de nouveaux examens paracliniques sont donc entrés dans la ronde, mais si, pour l'hypocondrie, le juste mot n'est jamais mis sur la juste chose, chez l'hystérique c'est l'acte d'intervention médicale, amicale ou professionnelle qui n'est jamais adéquat.

V. — **Charcot**

Un ouvrage sur l'hystérie, en France ou dans le monde, se doit d'accorder une place privilégiée à J.-M. Charcot qui fut un des « inventeurs » de l'hystérie moderne, même si par contresens, chacun d'affirmer, oubliant les artifices de la mode pathologique de chaque époque, « qu'il n'a jamais vu de crise à la Charcot ».

Né à Paris en 1825, interne des hôpitaux de Paris en 1848, agrégé en 1860, il deviendra en 1862 chef de service à l'hospice de la Salpêtrière où il avait fait son internat et où il fera la totalité de sa carrière. Jusqu'à sa nomination comme chef de service de l'hospice, Charcot était un éminent neurologue internationalement reconnu, notamment pour ses travaux sur la sclérose en plaques, les arthropathies tabétiques, la sclérose latérale amyotrophique (dite maladie de Charcot), etc.

La rencontre entre Charcot et l'hystérie eut lieu par le plus grand hasard et sous les auspices d'un déménagement : à la suite de l'évacuation d'un bâtiment, pour raisons de vétusté, l'administration hospitalière décida de commencer un début de ménage en séparant les aliénés des épileptiques et des hystériques ; elle réunit ces derniers du fait de leur ressemblance symptomatologique (la convulsion, l'attaque, la crise), sous le nom de « quartier des épileptiques simples », une épilepsie simple étant une épilepsie idiopathique, sans véritable lésion[1].

Funeste illusion car les jeunes hystériques devinrent les témoins quotidiens des crises d'épilepsie de leurs compagnes d'infortune : de là à les imiter, il n'y eut qu'un pas qui fut évidemment franchi sans que l'éminent neurologue, à qui fut confié ce service, ne considérât cela comme essentiel dans la mesure où il voyait chaque malade individuellement. C'est entre autres du fait de cette promiscuité contestable que les deux maladies s'amalgamèrent jusqu'à n'en plus faire qu'une pendant un certain temps, comme nous l'avons déjà vu.

Dès le départ Charcot abordera la pathologie hystérique en neurologue doublé d'un clinicien, non sans effectuer, dans un premier temps, le passage obligatoire par la

1. L. Delasiauve, *Traité de l'épilepsie,* Paris, Masson, 1854.

théorie utérine ou plutôt ovarienne ou ovarique selon ses propres référents anatomo-pathologiques. De fait, Charcot soulignait là, dans la terminologie propre à son époque, que tout clinicien de l'hystérie est d'abord frappé par la violence de la répression et du refoulement du désir sexuel (traduction du même constat dans notre actuelle terminologie) : son expression, « c'est toujours la chose génitale », avait d'ailleurs marqué Freud lors du séjour qu'il fit dans son service. C'est dans ce cadre qu'il envisagea alors un traitement local, le compresseur d'ovaires, dont le rôle consistait à enrayer l'attaque par une compression plus ou moins forte de l'organe.

Dans les premiers temps, Charcot tenta de décrire les symptômes permanents dits d'hystérie locale : on y retrouve les signes de nos manuels actuels, hémianesthésie tracée comme à la plume, anesthésie (insensibilité aux piqûres) dont nous verrons l'importance historique notamment dans les périodes de sorcellerie, troubles sensoriels : cécité, surdité, mutisme, anosmie, agueusie ; en fait ces troubles, même s'ils ressemblent beaucoup à ceux de la neurologie, en sont radicalement différents dans la mesure où ils sont réversibles : l'erreur de Charcot consista à créer, dès le départ, une nosographie psychiatrique sur des bases empruntées à la neurologie.

La synthèse de l'ensemble des données recueillies aboutit à décrire une crise convulsive qui deviendra, dès 1870, c'est-à-dire en pleine guerre quand même les esprits les plus sains sont fragilisés, « la grande attaque hystérique », modèle à la fois décrié mais toujours présent à l'esprit des praticiens. Selon les degrés de précision neurologique ou psychologique, on distingue quatre, cinq ou six phases :

1) L'aura constituée par exemple par la douleur ovarienne ou quelques autres signes, toujours identiques, de début de crise.

2) La phase épileptique ou épileptoïde se subdivisant en :

a) une phase tonique avec mouvements aboutissant à la tétanisation musculaire ;

b) une phase clonique avec des mouvements généralisés qui surprennent le malade dans la position laissée par la phase tonique ;

c) une phase de résolution musculaire avec les muscles relâchés et un sommeil interrompu de temps à autre par des secousses.

3) Une période « clownesque » subdivisée en deux phases :

a) la phase des contorsions ou attitudes illogiques suivie de :

b) la phase des grands mouvements répétés 15 ou 20 fois et mimant de grands sentiments et des passions ; cette période à la fois plastique et passionnelle est celle qui a été la plus représentée par l'excellent dessinateur qu'était Charcot lui-même et par Paul Richer (1849-1933), à la fois brillant interne et artiste ; elle a également été photographiée, notamment par A. Londe (1858-1917), photographe officiel de la Salpêtrière et Régnard, l'un des médecins de l'équipe[1].

Cette phase peut être accompagnée :

4) d'hallucinations,

5) de troubles du mouvement par persistance de la contracture générale ou partielle et des attitudes bizarres ; elle peut également, au contraire, lever des symptômes que le sujet présentait avant l'attaque : là se glissent toutes les interprétations dites « miraculeuses » (cf. plus loin l'histoire des convulsionnaires de la Saint-Médard, les stigmates qui apparaissent ou disparaissent, les paralysies résolutives, certains miracles de Lourdes pour n'en citer que quelques-uns).

1. On peut voir ces reproductions de dessins et photos dans de très nombreux ouvrages et catalogues dont celui de l'exposition de la chapelle de la Salpêtrière (2-18 juin 1982) *Charcot et l'hystérie au XIXe siècle.* Le meilleur cependant à notre avis, est l'ouvrage de Georges Didi-Huberman, *Invention de l'hystérie, Charcot et l'iconographie de la Salpêtrière,* Éditions Macula, Paris, 1982.

6) Ultime période : la phase résolutive marquée par des sanglots, des pleurs et des rires inconsidérés.

Cette nosologie, d'une précision toute chorégraphique, fut qualifiée par les nombreux ennemis de son auteur de « charcotite ». De fait il est à souligner que Charcot, dans la mise en scène qu'il opérait sur les hystériques, considérait plus ou moins consciemment la maladie comme œuvre d'art à l'instar d'ailleurs de ces collègues dermatologues de l'hôpital Saint-Louis ; d'ailleurs il travailla officiellement sur l'intrication de l'art et de la psychopathologie et publia en 1887, en collaboration avec Paul Richer, *Les démoniaques dans l'Art* où les diables représentaient la perversion de l'âme. Autre exemple de la préciosité artistique et littéraire de ce type de recherche : Duchenne de Boulogne, toujours à la Salpêtrière, s'était quant à lui « lancé à la recherche d'une orthographe des corps en tentant d'établir une grammaire des muscles »[1].

Afin de vérifier ses théories, Charcot avait mis au point une méthode anatomo-clinique reposant essentiellement sur la comparaison et la recherche des différences, par exemple entre une convulsion épileptique et une convulsion hystérique ; pour ce faire, il procédait non seulement à des examens cliniques approfondis, mais aussi à des autopsies (qu'il appelait par rigueur étymologique des nécropsies) ; pendant des années, deux fois par semaine, il terminait ses journées en tablier et en sabots afin de mettre à jour ce qu'il nommait des *lésions dynamiques ou fonctionnelles* (par opposition aux lésions en foyer caractéristiques de la neurologie) ; entre 1880 et 1890, Charcot écrivit :

« En somme ces impuissances motrices (les paralysies) développées par le fait d'un trouble physique sont, objectivement, tout aussi réelles que celles qui dépendent de lésion organique ; elles s'en rapprochent même, vous allez le constater bientôt par

1. Voir à ce sujet le catalogue de l'exposition photographique *A corps et à raison* de Monique Sicard, Robert Pujade et Daniel Wallach, exposition qui eut lieu à l'hôtel de Sully, Éditions Marval, ministère de la Culture, 1995.

un grand nombre de caractères cliniques communs qui en rendent le diagnostic très difficile. »[1] « A n'en pas douter, une lésion des centres nerveux est présente dans ce cas ; mais où siège-t-elle, quelle est sa nature ? C'est, je pense, dans l'écorce cérébrale de l'hémisphère cérébral du côté opposé à la paralysie et, plus précisément dans la zone motrice du bras qu'il faut la placer... mais, à coup sûr, il ne s'agit pas d'une lésion en foyer organique, destructive, comme cela devrait être dans les diverses hypothèses que nous venons de passer en revue. Ici il ne saurait être question que de l'une de ces lésions qui échappent à nos moyens d'investigation anatomiques et que, faute de mieux, on est convenu d'appeler lésions dynamiques ou encore fonctionnelles. »[2]

Il s'agissait, pour Charcot, de marquer la différence entre une lésion véritable du système nerveux telle qu'on peut la rencontrer, par exemple, dans les paralysies organiques et les « lésions dynamiques ou fonctionnelles » du cortex dont il affirmait l'existence, toujours dans un strict parallélisme avec la neurologie. En d'autres termes, tout est organique, tout est lésionnel (méthode anatomo-clinique) mais il est des lésions visibles et d'autres invisibles à l'autopsie mais réelles puisqu' « elles ne sont pas simulables » ; cette aporie débouche sur le constat qu'une organicité indémontrable a une existence objective du fait qu'aucun artifice ne peut la simuler : logiquement donc les paralysies qui en découlent sont organiques mais ne peuvent être qualifiées d'hystériques de surcroît que par l'œil du professionnel ; on a beaucoup glosé (surtout à Nancy[3], où certains ennemis irréductibles de Charcot traitaient tout de simulation) sur ces lésions dynamiques et leur existence à la fois organique et indémontrable ; ne pouvons-nous envisager une hypothèse moderne sur cette intuition de Charcot ? N'eut-il pas la prescience de l'existence et du rôle des neurotransmetteurs, à la fois agents de transmission de certains phénomènes neurologiques et évidemment invisibles à l'autopsie ?

1. J.-M. Charcot, *Œuvres complètes,* t. III, Paris, Delahaye, 1880-1890.
2. J.-M. Charcot, *ibid.,* p. 320-321.
3. Sur l'École de Nancy, voir chap. IV, 1er §.

Là où Charcot eut ce que son élève Pierre Marie appela, lors de son éloge funèbre, « une légère défaillance » c'est en ouvrant grand les portes de son service à Burq (1822-1884). Ce médecin travaillait sur l'action des métaux sur la peau, thérapeutique connue sous le nom de métallothérapie. Charcot au début sceptique puis convaincu, soumit chaque semaine des malades, qu'ils souffrent de troubles sensoriels, de contractures ou de paralysies, à la métallothérapie par des applications en différents lieux du corps. De l'application des métaux, on passa rapidement à celle du courant électrique présumé responsable de l'effet produit par les métaux et exit Burq.

Débuta alors une nouvelle phase sous l'égide de la méthode expérimentale de Claude Bernard : de l'électricité on passa au magnétisme (action des aimants), puis à l'hypnose dans un retour à Messmer (1734-1815) et à son fameux baquet[1]. La mise en jeu des phénomènes hypnotiques avait pour but de dévoiler, à l'insu du malade plongé dans un sommeil artificiel ou en catalepsie, la nature profonde de l'hystérie. Cette théorie partait du postulat que l'hystérie expérimentale calque l'hystérie naturelle, même si celle-là ne peut apparaître que sur un terrain de femme « sous le coup de la diathèse hystérique » ; en d'autres termes, une hystérie naturelle sous hypnose produit une hystérie expérimentale permettant l'approche théorique du problème ; l'échec est au bout de ce raisonnement absurde et sera éclatant dix ans plus tard, sous les coups de boutoir de l'École de Nancy.

L'hypnose néanmoins acquit ou réacquit là ses lettres de noblesse ; une fois de plus, l'hystérie a permis l'émergence d'une technique à part entière qui, après des hauts et des bas, a repris aujourd'hui force et vigueur sous la direction d'Erikson. Dans l'hystérie, rien ne se perd, rien ne se crée, tout se transforme.

1. Sur Mesmer, voir également Trillat, *op. cit.*

VI. — Hystérie et maladies nerveuses

Le modèle de la maladie mentale organique au XIXe siècle est la paralysie générale décrite par Bayle en 1822, dont l'origine syphilitique ne sera démontrée que quelque quarante ans plus tard ce qui aura alors d'évidentes répercussions théoriques : c'est donc sous cette égide que le lien entre neurologie et psychiatrie sera soudé jusqu'en 1968.

Dans la mesure où l'hystérie était aussi à l'époque une maladie nerveuse, des points communs pouvaient être recherchés avec la paralysie générale en vue de la constitution d'un corpus de savoir neurologique, ce à quoi s'employèrent Charcot et ses étudiants[1]. Il était évident et cela avait déjà été repérable chez Georget, que compte tenu du fait que la sexualité était la pierre d'achoppement de ces deux atteintes, un jugement moral à valeur diagnostique allait nécessairement émerger, l'évaluation éthique étant alors partie prenante du diagnostic psychiatrique ; la situation était donc mûre pour accueillir le concept de dégénérescence créé par Morel (1809-1873) vers 1840 qui devait redonner un essor aux recherches sur l'hystérie surtout après sa reprise par Magnan (1835-1916).

Les connotations de la dégénérescence dépassaient largement la neurologie pour aller vers l'hérédité, la morale, « la déviation maladive de l'espèce ». Dans sa classification des maladies mentales à partir de 1881, Magnan isole dans la catégorie des psychoses « la folie des dégénérés », apanage des « héréditaires-dégénérés » qui comporte, à côté des idiots et des imbéciles, les « dégénérés

1. O. Charrière, *Considérations sur les rapports de l'hystérie et de la paralysie générale,* Paris, A. Parent impr., 1882 (thèse) ; A. Richard, *Contribution à l'étude de l'hémiplégie hystérique chez les syphilitiques,* Paris, Ollier-Henry impr., 1887, thèse ; A. Rouffilange, *Contribution à l'étude des associations du Tabès et de l'hystérie,* Paris, Steinheil Éd., 1893 (thèse).

supérieurs » avec leurs « délires d'emblée », première dénomination de la bouffée délirante[1]. La dégénérescence servait à tout, expliquait tout dans la mesure où son étiologie était héréditaire (une hérédité qui avait justement l'avantage de se modifier)[2], morale, intellectuelle et psychiatrique, avant de culminer, dans les années 1930, en devenant raciale. Cependant pour Charcot et son école, elle venait à point nommé et on en fit essentiellement usage dans le but de « purifier » la sémiologie de l'hystérie : tout ce qui n'était pas signe classique organique relevait de la dégénérescence ; « ne simulent vraiment que les dégénérés », affirmait Charcot contre Nancy et ses accusations interminables ; en fait il n'avait jamais nié qu'un symptôme puisse être exagéré mais il pensait qu'il était du ressort du clinicien de faire la part du feu entre un authentique symptôme organique et sa simulation. L'introduction de la dégénérescence marqua un point important contre Nancy, et la Salpêtrière réaffirma que l'hystérique « normal », à l'encontre du dégénéré, était affligé d'une ou plusieurs lésions dynamiques. Dans la foulée, Henri Colin, élève de Charcot, appuiera même la démonstration en soulignant que, faute d'une symptomatologie organique, « la névrose perd tout lien avec une morbidité effective »[3, 4].

1. Cf. l'article Magnan, *in* J. Postel et C. Quétel, *Nouvelle histoire de la psychiatrie,* Toulouse, Privat, 1983, p. 672.

2. L'hérédité se modifie spontanément quand la biologie en a besoin. Ici non plus Lyssenko, vers 1940, n'a rien inventé.

3. H. Colin, *Essai sur l'état mental des hystériques,* préface de Charcot, Paris, J. Rueff Éd.,1890.

4. M. Tabaraud, *Des rapports de la dégérescence mentale et de l'hystérie*, Ollier-Henry impr., 1888 (thèse) ; J. Roubinovitch, *Hystérie mâle et dégénérescence*, Paris, Rueff Éd., 1890 ; T. Buzzard, On the simulation of hysteria by organic disease of the nervous system, *Brain,* 1890, t. XIII ; L. Chabbert, Deux cas de bégaiement hystérique chez des dégénérés, *Le progrès médical*, L. Battaille Éd., 1893 ; L. Baudin, *Considération sur la tare nerveuse hystérique (essai de pathogénie nerveuse)*, Paris, L. Bataille Éd, 1896 (thèse) ; Th. Gillet, *Contribution à l'étude du rôle de la consanguinité dans l'étiologie de l'épilepsie, de l'hystérie, de l'idiotie, de l'imbécillité,* 1900 (thèse).

Le concept de dégénérescence suivra une évolution officielle et officieuse : cette notion, même si elle n'a plus d'existence officielle de nos jours, est cependant présente à l'esprit notamment dans des cas de consanguinité et d'atteintes de certains sujets de milieu très défavorisé comme dans le quart-monde. La psychanalyse l'ignore totalement, même si Freud, tout au début de ses recherches, dans les cas de patients qui lui posaient problème, essentiellement hystériques évidemment, l'employa à plusieurs reprises, notamment dans « Fragment d'une analyse d'hystérie, Dora »[1] et dans les *Études sur l'hystérie*.

C'est sous l'égide de la neurologie qu'apparaîtra le seul retournement dialectique du concept d'hystérie avec une récurrence explicative. Cela passe par un nouveau détour historique car cette construction s'est étendue sur de nombreuses années et est le fait de plusieurs théoriciens.

La neurologie, nous l'avons vu, considérait qu'il existait soit une hystérie convulsive (centrée sur l'épiphénomène, la convulsion) soit une hystérie plus proprement nerveuse liée à une atteinte encéphalique (Charcot) et aux troubles trophiques y afférents, pour ne pas mentionner la dégénérescence dont la perversité savante savait tout imiter, tout simuler. Les théories neurologiques culmineront dans des recherches sur des phénomènes de deux ordres : les troubles moteurs et les troubles sensoriels.

VII. — **Troubles des fonctions de relation et des fonctions végétatives**

A) *Contractures et spasmes musculaires.* — Bien des troubles moteurs peuvent, dans un certain contexte, être renvoyés à l'hystérie : depuis la banale sciatique qui

1. S. Freud, Fragment d'une analyse d'hystérie, *Cinq psychanalyses* (1905), Paris, PUF, 1954.
2. Cf. notre paragraphe à ce sujet dans la partie sur Charcot.

semble interprétable dans les mêmes termes de nos jours[1] jusqu'à la contracture hystérique[2], en passant par l'arthralgie du genou dont la description, précise jusqu'à l'absurde, est en fait un classique de la clinique hystérique : tout se passe comme si, afin de convaincre de la réalité de l'hystérie, rien n'était jamais suffisamment détaillé[3].

B) *Les inhibitions sensitivo-motrices.* — L'atteinte princeps est évidemment la paralysie qui pose de façon paradigmatique la question de l'imitation, de la simulation, de la mauvaise foi et par laquelle a commencé à poindre ce qui ne s'appelait pas encore l'inconscient.

Après que Charcot eut démontré qu'il existait des différences nettes mais difficiles à décrire entre les paralysies organiques et hystériques[4], **Pierre Janet** (1859-1947) entra en jeu.

Normalien et agrégé de philosophie, Janet connut Charcot à l'occasion de la présentation qu'il fit d'une note sur l'hypnose et le somnambulisme lors d'une séance de la Société de psychologie physiologique présidée par le Maître. Le 21 juin 1889, il soutint sa thèse de philosophie : « L'automatisme psychologique. Essai sur les formes inférieures de l'activité humaine », puis s'inscrivit en médecine. Pour lui, Charcot créa le Laboratoire de psychologie expérimentale de la Salpêtrière. Janet enseigna ensuite à la Sorbonne, puis au Collège de France tout en continuant à pratiquer la médecine. Il fut donc à la fois un médecin et un philosophe doublé d'un psychologue expérimentaliste dans ses recherches. En 1892 il publia *L'état mental des hystériques, les accidents mentaux,* ouvrage dans lequel

1. A. Beziat, *De la sciatique hystérique,* Paris, Jouve impr., 1895 (thèse).
2. D. M. Bourneville et P. Voulet, *De la contracture hystérique permanente*, Paris, Delahaye Éd., 1872 (thèse de P. Voulet).
3. P. Lepinte, *Essai de pathologie nerveuse : de l'arthralgie hystérique du genou,* 1897, Bordeaux, Imprimerie du Midi, 1897 (thèse Bordeaux).
4. Cf. notre paragraphe à ce sujet dans la partie sur Charcot.

il étudiait chez les psychologiquement faibles, le « rétrécissement du champ de conscience ». Puis il inventa en remplacement du concept de neurasthénie qui lui paraissait flou, celui de psychasthénie et publia en 1903 *Les obsessions et la psychasthénie* : là il commença à envisager le subconscient des hystériques et ses idées fixes lié au déficit de la fonction du réel. Au Collège de France, à partir de 1909 il entreprit une synthèse de ses travaux qu'il publia en 1926 sous le titre *De l'angoisse à l'extase.* A cause du refus de Janet de reconnaître l'importance de la sexualité et pour des raisons de prééminence scientifique, Janet et Freud dont les travaux n'avaient qu'à gagner à se nourrir les uns des autres, furent presque constamment brouillés après que Freud eut quitté Paris, et ils refusèrent de se rencontrer.

Avec les honneurs de la raison, Janet essaya donc de sortir de la position de Charcot sur les paralysies, position insoutenable tant sur le plan théorique que clinique. C'est ce moment précis qu'il choisit pour lancer son célèbre argument, à savoir que si la localisation de l'hystérie est physiologique, elle appartient néanmoins à une représentation populaire de l'anatomie :

> « Non, cette localisation n'est pas anatomique, elle est physiologique comme le dit justement M. Charcot. Mais je voudrais ajouter un mot, cette répartition correspond à une physiologie bien grossière, bien populaire... L'hystérie amaurotique a une lunette d'anesthésie sur la face. Elle a perdu l'œil, non pas seulement dans le sens physiologique, mais dans le sens populaire du mot... Il semble donc que même dans ces anesthésies localisées, les associations habituelles de nos sensations, les idées que nous nous faisons de nos organes jouent un rôle important et déterminent ces répartitions.»[1]

Texte historique fondateur, tel est le qualificatif que l'on peut appliquer à ce paragraphe si simple en apparence. Non sans grande diplomatie, Janet tend à faire un distinguo subtil entre anatomie et physiologie hystériques (ce qui permet déjà l'évitement de l'épineuse question des

1. P. Janet, *État mental des hystériques,* Alcan, 1893, t. I.

lésions dynamiques réelles mais indécelables), mais aussi et surtout il propose le premier schéma de l'intrication psyché-soma par le lien du discours. Le corps hystérique est inscrit dans l'ordre du langage, dit en quelque sorte Janet : ne pas en tenir compte, tenter d'objectiver l'inobjectif n'est pas faire preuve de rigueur scientifique mais au contraire, par la projection du désir du chercheur, dirions nous de nos jours, fausser précisément un certain nombre de constats ; les manifestations physiologiques peuvent ainsi « incarner » ce qui est inscrit dans la psyché du malade par son histoire. Cette constatation simple en apparence est une révolution dans l'évolution rigoureuse de la médecine du XIXe siècle car elle détruira à titre définitif le fantasme selon lequel la médecine peut être entièrement pensée dans un esprit cartésien, ce qui justement s'instaurait à l'époque en réaction au « subjectivisme » et à l'animisme organique des siècles précédents. En fait sur ce sujet, véritable pierre angulaire de l'hystérie, Babinski avait déjà pris position[1].

La paralysie n'est pas seule dans les inhibitions sensorimotrices : en 1884 le subtil Lasègue avait constaté à propos des différences entre anesthésies hystériques et neurologiques :

> « Cette anesthésie si bien observée chez les hystériques, présente des particularités sur lesquelles on n'a peut-être pas insisté suffisamment.. Il est d'expérience que les hystériques non encore éclairées par les investigations d'un médecin ne font pas mention de l'anesthésie. »[2]

Dans le recensement des caractéristiques de base de l'hystérie on s'aperçut donc assez rapidement que les anesthésies, qui jouèrent un rôle si important dans les condamnations de sorcières au Moyen Age, mimaient un

1. J. Babinski, Paralysie hystérique systématique. Paralysie faciale hystérique, *Bulletin et Mémoires de la Société médicale des Hôpitaux de Paris,* novembre 1892.
2. Ch. Lasègue, *op. cit.*

trouble sensitif accompagné en outre d'un trouble moteur puisqu'il n'existe pas de réponse réflexe[1].

C) *Troubles de la phonation.* — Sous cet intitulé on peut regrouper les troubles liés à l'émission des sons, à la parole. S'y incluent également des pathologies ordinaires mais dévoyées en ce cas, comme la toux[2], les aphonies dites nerveuses[3] et évidemment le mutisme[4].

D) *Les inhibitions sensorielles.* — La permanence des troubles sensoriels plus ou moins associés à l'hystérie fut un point de recherche privilégié de la fin du XIXe siècle : la vision et ses limites[5], les migraines ophtalmiques[6] : « Le champ visuel se comporte comme le champ de la conscience elle-même, il se rétrécit de la même manière » écrivait Janet filant toujours la même intuition[7].

Certains troubles de l'audition devinrent aussi caractéristiques de la maladie[8]. Le champ complet de la sensorialité et de la motricité se trouva donc ainsi décrit et mis en coupe théorique. Une synthèse devait nécessairement émerger de ce matériel scientifique...

1. L. Lichtwitz, *Les anesthésies hystériques des muqueuses et des organes des sens,* Paris, Baillière Éd., 1887 ; A. Pitres, *Des anesthésies hystériques*, Bordeaux, Gounouiehou Éd., 1887.

2. Ch. Lasègue, De la toux hystérique (1854), *Études médicales,* Paris, Asselin, 1884.

3. I. B. A. Laffite, *Essai sur les aphonies nerveuses et réflexes*, Paris, A. Parent impr., 1872 (thèse).

4. M. Natier, *Contribution à l'étude du mutisme hystérique,* Paris, Doin Éd., 1888.

5. A. M. Svynos, *Des amblyopies et des amauroses hystériques,* Paris, A. Parent impr., 1873 (thèse).

6. J. Babinski, De la migraine ophtalmique hystérique, *Le progrès médical,* Paris 1891.

7. P. Janet, *op. cit.*

8. G. L. Walton, Deafness in hysterical hemianesthesia, *Brain,* 1882-1884, t. V.

Chapitre IV

HYSTÉRIE ET MÉDECINE GÉNÉRALE

Compte tenu de la prégnance même actuelle des préjugés, une approche bibliographique de l'hystérie donne l'impression que la majorité des écrits, surtout au XIXe siècle, tourne autour de la description des troubles simulés, cheval de bataille de l'École de Nancy ; un détour s'impose donc par les travaux des deux principaux leaders du groupe nancéien Liébeault et Bernheim ; une recherche plus approfondie montrera cependant que ce qui semble vrai dans un premier temps, est en fait loin d'être tout à fait exact par la suite.

I. — La rivalité entre la Salpêtrière et Nancy

Auguste, Antoine Liébeault (1823-1904), médecin des pauvres de Nancy, était fasciné par l'hypnose, qui deviendra son centre d'intérêt majeur après 1860, ce qui le conduisit contre les vents et les marées de la médecine officielle à publier un livre sur ce thème ; sa théorie personnelle tournait autour d'un concept détourné de sa signification habituelle : *« l'attention »*, force vitale donnant sens et importance aux perceptions et événements. Il démontra ainsi que chez un homme sain, l'attention centrée sur l'idée de maladie rendait malade et qu'*a contrario* chez un homme malade, l'attention se concentrant sur l'idée de guérison, il guérissait[1]. C'est grâce au fait que Bernheim eut pour ses travaux une véritable fascination qu'il atteignit la célébrité.

Hippolyte Bernheim (1837-1919) fut nommé en 1868 professeur de clinique médicale à Strasbourg. Après avoir découvert grâce à Liébeault donc, l'hypnose, il s'opposa violemment à la Salpêtrière en affirmant que la possibilité d'être mis en état d'hypnose n'était pas spécifique aux hystériques : selon lui « la grande crise » de Charcot était due à la seule suggestion, à la mise en scène, à l'artifice d'une fabrication symptomatologique liée à la nécessité de confirmation d'une théorie préalablement établie. Bernheim trouva dans la technique de « l'attention » de Liébeault une ébauche de ce que serait une thérapeutique par suggestion positive, les symptômes parisiens de l'hystérie en étant, d'après lui, le dérivé négatif (il parlait polémiquement, évidemment, de l'hystérie de Charcot plutôt que de l'hystérie en général). Bernheim pensait qu'un sujet devient « hystérisable » après de nombreuses crises liées à des émotions et des suggestions ; se met alors en place une facilitation à faire des crises, par « l'appareil hystérogène » ; puis il peut se créer une lésion (toujours la lésion !) quand l'élasticité liée à la capacité de revenir à l'état normal n'existe plus.

Bernheim fit disparaître ainsi des crises par la suggestion mais il faut noter cependant que comme Charcot, ce traitement s'adressait à une population ignorante, assez pauvre et fruste, ce qui ne sera pas du tout, quelques années plus tard, le cas de Freud. « La suggestion, disait Bernheim[2], est l'acte par lequel une idée est introduite dans le cerveau et acceptée par lui » : cela se joue dans toutes les professions liées au discours, l'avocat,

1. A. A. Liébeault, *Le sommeil provoqué et les états analogues considérés surtout au point de vue du moral sur le physique* (1866), Paris, Doin, 1889.

2. H. Bernheim, *Hypnotisme, suggestion, psychothérapie avec considérations nouvelles sur l'hystérie* (1891), Paris, Doin, 1903, p. 24.

l'orateur, le professeur, le prédicateur... En 1884 il finira même par s'éloigner de l'hypnose en pensant que la suggestion, à l'état de veille, remplit le même office. Bref, « l'enseignement le plus clair de Bernheim est que la pathologie commence là où s'arrêtent les effets de la suggestion »[1] : la logique de Bernheim consistait donc à contester la Salpêtrière au nom de l'efficacité pragmatique de son propre traitement.

Une fois de plus il est clair que le savoir sur l'hystérie se divise en deux : d'un côté la médecine dite scientifique mais infiltrée de fantasmes et de préjugés, de l'autre la médecine empirique : entre les deux, sur un mode hystériquement théâtralisé, haine et injures...

II. — Hystérie et médecine générale

Reprenons donc notre propos initial : les travaux du XIXe siècle sur l'hystérie ne portaient pas uniquement sur la simulation : bon nombre d'entre eux en effet, pourraient être groupés sous la rubrique actuelle de troubles psychosomatiques et/ou fonctionnels. Cependant une deuxième lecture corrige cette impression car elle dévoile parallèlement à cette possibilité de classification la création d'une nouvelle impasse liée à un phénomène de généralisation de l'hystérie : toute atteinte organique était décrite comme potentiellement détentrice d'une composante hystérogène causale ou consécutive. A la fin du XIXe siècle l'hystérie atteignit son plus haut niveau de dilution en perdant toute spécificité, toute opérativité, et comme les séquelles de cette erreur méthodologique persistent de nos jours, les Américains pragmatiques supprimèrent purement et simplement ce diagnostic en 1952.

1. E. Trillat, *op. cit.*, p. 176.

L'hystérie était alors partout, dans tout : le diabète[1], la fièvre typhoïde et la grippe[2], la sclérose en plaques[3], et évidemment la tuberculose avec sa résonance psychologique si apparente[4].

Mettant la confusion à son comble, un certain Martel décrivit même une hystérie toxique, reprenant la classification de Morel de 1860 sur les folies par intoxications[5] ; il ne fut pas le seul puisque Lande décrivit une intoxication liée à l'inhalation de vapeurs de caoutchouc[6] ; la dimension organique de cette atteinte subissait là une mutation complète en devenant accidentelle et non plus phylogénétique comme dans l'hypothèse utérine, ou congénitale comme dans la neurologie.

Ce qui allait assez rapidement se nommer l'endocrinologie entra également dans le jeu de la théorisatisation par une étude prémonitoire sur le goitre, dans une position que n'aurait pas désavouée Alexander, célèbre psychosomaticien du milieu du XXe siècle[7].

En vue d'évoquer un des rares types de recherche qui n'eut pas de suite théorique, extrayons de la célèbre thèse de Cesbron de 1909[8] une hypothèse des plus extravagantes qu'il nous fut donné de rencontrer dans un corpus théorique qui cependant n'en manque pas :

« Signalons, malgré son ridicule achevé, la théorie de Raspail (1840) sur l'hystérie. La névrose n'échappe pas au sort des autres

1. R. Grenier, *Hystérie et diabète,* Paris, Asselin et Houzeau Éd., 1888.
2. J. Grasset, *Leçons sur deux cas d'hystérie provoqués par une maladie aiguë (fièvre typhoïde et grippe)*, Paris, Masson, 1890.
3. J. Grasset, *Des associations hystéro-organiques : un cas de sclérose en plaques et d'hystérie associées avec autopsie,* Paris, Masson, 1892.
4. A. Gibotteau, *De l'influence de l'hystérie sur la marche de la tuberculose pulmonaire,* Paris, Steinheil Éd., 1894 (thèse).
5. Ch. Martel, *Contribution à l'étude de l'hystérie toxique (intoxication sulfocarbonée),* Paris, Steinheil Éd., 1894 (thèse).
6. L. Lande, *Délire de dépossession, empoisonnement par l'oxyde de carbone, folie hystérique,* Bordeaux, Gounouilhou impr., 1897.
7. Pader, *Étude sur les rapports du goitre exophtalmique et de l'hystérie,* Paris, Jouve et Boyer Éd., 1899 (thèse).
8. Elle a alimenté une grande partie des écrits sur l'hystérie et est pour tous, malgré son contingent d'erreurs reconnues ou non, une référence.

maladies et, comme elles, est produite par un insecte et guérit grâce au camphre. Le parasite hystérogène appartient au deuxième ordre (helminthogenèse) et se classe dans la quatrième espèce (ascarigenèse impudique). La maladie qu'il occasionne a son siège dans les parties génitales de la femme où l'helminthe produit tous les accidents, dès qu'il a pénétré dans l'utérus ou s'est fixé à l'intérieur du vagin. La névrose relève d'une thérapeutique insecticide : pour tuer le parasite on appliquera un sachet de camphre. »[1]

III. — Vers une psychosomatisation de l'hystérie

A) *L'hystérie viscérale.* — Le rapport entre l'hystérie et ce que nous nommons la psychosomatique fut perçu dans les années 1880 avec une assez grande précision pour l'époque. Il fut ainsi souligné que l'hystérie infectait particulièrement les maladies viscérales, *grosso modo* les entités cliniques recouvertes par la gastro-entérologie et la cardiologie. A la fin du XIXᵉ siècle, furent donc travaillés de façon privilégiée les rapports hystérie-viscères (estomac, intestins et cœur) qui semblaient créer une pathologie autonome. C'est ainsi que fut mise en relief une hystérie gastrique :

« Un des caractères de l'hystérie viscérale c'est même souvent d'être torpide, persistante, rebelle, c'est aussi de se fixer longtemps sur un organe sans porter la moindre atteinte à l'organisme. Parfois aussi la névrose viscérale change de nature sans changer de siège, et c'est ainsi qu'on voit par exemple, des accidents les plus opposés intéresser l'estomac, les vomissements atoniques succédant aux vomissements spasmodiques, les vomissements de sang aux vomissements aqueux, l'anorexie à la gastralgie, etc., la maladie devient protéiforme sur place. »[2]

L'intérêt de ce texte réside en deux points :

a) D'une part il décrit sur un mode prémonitoire des phénomènes que Freud qualifiera plus tard de conversionnels comme « l'hystérie viscérale (qui) se fixe longtemps sur

1. H. Cesbron, *Histoire critique de l'hystérie,* Paris, Asselin et Houzeau, 1909 (thèse).
2. L. Deniau, *De l'hystérie gastrique,* Paris, A. Parent impr., 1883 (thèse).

un organe sans porter atteinte à l'organisme », ce qui est bien le propre de la conversion. Cependant, contrairement à ce que dira Freud, dans le cas précité l'atteinte joue sur la musculature lisse et non sur la musculature striée : en effet la conversion classique, dans sa capacité d'inscription symbolique dans le corps, utilise, selon Freud, la motricité donc la musculature volontaire. Comment concevoir ce type de réactions physiologiques sur lesquelles un individu « normal » n'a en principe aucune prise ? En réponse à cette interrogation, presque cent ans après, un psychanalyste actuel, J.-P. Valabréga, soulignera qu'il est important d'envisager des phénomènes de conversion symbolique sur les fibres lisses[1]. La question est ici d'autant plus pertinente que les vomissements sont effectivement une des symptomatologies les plus inclassables nosologiquement car ils relèvent tant de la médecine générale que de la psychosomatique et de la conversion : si l'aspect symbolique du vomissement est évident, l'aspect réactionnel secondaire dû à des problèmes organiques et à des réactions psychiques, l'est autant.

b) Le second point important de ce texte est la description d'une diversité de vomissements plus caractéristique de l'époque et des éternels fantasmes sur la capacité magique des hystériques à tout imiter que d'une probable rigueur clinique ; se retrouve là une croyance, toujours d'actualité, en la magie d'un corps capable de toutes les transformations.

L'hystérie gastrique aura pour filiation plus ou moins directe, puisqu'à quelques très rares exceptions, **aucune option théorique ne disparaît jamais dans cette affection,** les théories psychosomatiques sur l'ulcère à l'estomac et leur description d'un mélange subtil conversion-somatisation comme on le retrouve chez Garma, par exemple[2].

1. J.-P. Valabréga, *Phantasme, mythe, corps et sens,* Paris, Payot, 1980, notamment chap. 2.

2. A. Garma, *La psychanalyse et les ulcères gastro-duodénaux,* Paris, PUF, 1951.

L'hystérie viscérale affecte également de façon privilégiée hémoptysies[1], hémorragies[2], troubles circulatoires[3], œdèmes[4]. Le carrefour viscères-circulation sanguine offre, pour les recherches sur l'hystérie, un intérêt stratégique car il se trouve en principe hors possibilité de simulation : les vomissements de sang sont visibles (et comment les provoquer ?), les œdèmes également, et même si l'auscultation de Laennec était rudimentaire, une dilatation du cœur droit ne s'invente pas.

La question des viscères conduisit à envisager ce que Freud appellera quelques années plus tard l'hystérie de rétention[5] concernant entre autres la fonction rénale[6], et aboutit finalement à la description de l'atteinte des fonctions vitales entraînée, par exemple, par l'apoplexie et son arrêt plus ou moins momentané des fonctions cérébrales[7]. Par ailleurs, dépassant la question viscérale, on considéra que l'émotion, la capacité à s'émouvoir caractéristique des hystériques, était logiquement responsable du fait que les chocs les épargnent moins que les autres et suscitent parfois des poussées de fièvre anormales[8].

B) *L'hystérie viscérale simulée ou la folie hystérique médicale.* — Pendant un certain temps l'hystérie viscérale sembla médicalement solide selon le consensus qu'elle

1. L. Ferran, *Vomissements de sang dans l'hystérie,* Paris, Parent impr., 1874 (thèse).

2. Rathery, *Contributions à l'étude des hémorragies survenant dans le cours de l'hystérie,* note lue à la Société médicale des hôpitaux de Paris le 12 décembre 1879.

3. A. Fabre, *L'hystérie viscérale ; les dilatations du cœur droit,* Paris, Delahaye et Lecrosnier Éd., 1883.

4. P. Trintignan, *De l'œdème hystérique,* Paris, H. Jouve impr., 1890 (thèse).

5. Chez Freud il s'agit de *rétention* de l'affect lié à un trauma. Nous l'employons ici dans une symbolique corporelle.

6. E. Chataing, *De l'anurie et de l'oligurie hystérique,* Paris, A. Parent impr., 1880 (thèse).

7. Ch. Achard, *De l'apoplexie hystérique,* Paris, Asselin et Houzeau Éd., 1887.

8. I. Gagey, *Des accidents fébriles qu'on remarque chez les hystériques,* Paris, Le François Éd., 1869.

était insimulable : comme d'habitude, le diagnostic d'hystérie pouvait être remis en question, non les manifestations physiologiques incontestables. L'imbroglio naquit du fait que c'est cette époque que choisit l'école des aliénistes (Falret, Babinski) pour réintroduire le thème de la simulation, non sans avoir attendu la mort de Charcot (1893), et sur un mode présumé différent de celui de Bernheim dans « son université de village » (« Nancy », *dixit* Babinski). Le *pithiatisme,* concept introduit par Babinski en remplacement de celui d'hystérie, reconfondra le réel et l'imaginaire qui semblaient en cette occurrence justement inconfondables ; et tout repartira comme toujours pour l'hystérie, entre simulation et délire, dans la prison des préjugés de chacun, des mensonges et des faux-semblants. Babinski essaya une porte de sortie, dans sa définition de l'hystérie[1], en proposant un critère plus utilisé de nos jours pour reconnaître une conversion : le cas est tranché quand le symptôme peut apparaître ou disparaître par la suggestion, le patient est alors un pithiatique.

Verront donc aussi le jour, parallèlement aux premières, une série de publications surréalistes sur la simulation qui s'attaquera aux phénomènes les plus complexes : la gravelle[2] où la femme trouve le moyen de simuler des calculs rénaux, le rhumatisme cérébral[3], pour n'en citer que quelques-uns.

C) *L'hystérie et la mort.* — Même la mort frappe les hystériques sur un mode spécial[4], affirma un bien nommé

1. Voici ce qu'il proposait dans *Définition de l'hystérie* : « ce qui caractérise les troubles primitifs, c'est qu'il est possible de les reproduire par suggestion avec une exactitude rigoureuse chez certains sujets et de les faire disparaître sous l'influence exclusive de la persuasion ». Bernheim eût-il dit mieux ?

2. J. Brongniart, *Étude sur la gravelle urinaire simulée et ses rapports chez la femme avec l'hystérie,* Paris, O. Doin Éd., 1884.

3. L. Repéré, *Des manifestations hystériques simulables dans le rhumatisme cérébral,* Paris, A. Parent impr., 1883 (thèse).

4. H. Mollière, *De la mort subite pendant la crise d'hystérie,* Mémoire lu à la Société des sciences médicales de Lyon, 1884 ; R. Le Fournier, *La mort dans l'hystérie,* Paris, Jouve impr., 1896 (thèse).

Mollière. « En 1877, Taguet fait du suicide chez les hystériques, une parodie, "une fantaisie" » : « L'hystérique ment dans la mort comme elle ment dans toutes les circonstances de sa vie, elle est dans son rôle »[1]. Si le mensonge dans la mort soulève un questionnement métaphysique, la connotation misogyne incontestable souligne une haine « viscérale » de la femme.

Toujours dans la même veine, on découvrit également chez cette simulatrice de la mort, un rire pathologique digne de traitement ; ainsi fut proposé le « Double traitement du rire hystérique chez une malade : général pour l'hystérie (régime, laxatifs, hydrothérapie tiède), particulier pour les accidents de rire paroxystique (suggestions verbales à l'état de veille, et suggestion hypnotique) »[2]. Chez l'hystérique rien n'a grâce : ni le rire, ni la mort.

La médecine, en des circonstances dramatiques, donna également la main à la politique voire à l'armée : pendant la guerre de 1914-1918, en 1917 plus spécialement où les soldats mouraient de peur, d'angoisse ou de coups de fusil au fond des tranchées, il y eut un début de révolte que Pétain endigua en fusillant « pour l'exemple » ; parallèlement, on demanda à G. Roussy et ses collaborateurs un rapport sur l'hystérie chez le soldat au front[3]. Ce rapport est une étude hybride mi-médicale, mi-morale (?) dont l'objectif n'apparaît pas clairement et qui donne une impression de vide ouvrant à toutes les répressions.

Dans cette confusion pourtant déjà, avant la grande guerre, la nécessité était apparue de comprendre si les hystériques étaient responsables ou non de leurs actes. Un congrès s'était donc réuni à Lille en 1906, sur « La

1. J. Corraze, *op. cit.*, [Taguet, Du suicide dans l'hystérie, *Ann. méd. psycho.*, XVII, 1877].
2. H. Ingegnieros, *Le rire hystérique,* Journal de psychologie normale et pathologique de Janet et Dumas, Paris Alcan, 1906.
3. G. Roussy et collab., « La lutte prophylactique contre l'hystérie, dans la 7e région durant l'année 1917 », 1918. Communication faite à la réunion médico-chirurgicale de la 7e région, Besançon, Dodivers Éd..

responsabilité des hystériques ». Compte tenu de ce qui avait été dit précédemment, c'était bien le moins que l'on pouvait faire de se poser la question, même si ce fut pour répondre par la négative.

Et pourtant en 1837, un texte fondamental avait paru, « oublié » bien sûr, dans lequel Brodie démontrait qu'il était possible de différencier le symptôme organique du simulé car la clinique permet de voir que la pathogénie ne réside pas dans l'organe lui-même mais à un niveau supérieur dans la volonté ; par exemple, dans la rétention d'urine « ce n'est pas que les muscles soient incapables d'obéir à la volonté, mais c'est la volonté qui ne s'exerce pas[1] ». « La volonté qui ne s'exerce pas », modeste formule qui suggère que le regard clinique existe aussi en dehors du savoir de l'époque qui en permet cependant l'exercice quotidien.

Autre exemple allant dans le même sens et dont on ne tira pas toutes les conséquences : l'anorexie, qui était considérée comme une pathologie hystérique : « Si j'attache à l'état mental une importance qui paraîtra peut-être exagérée, c'est que toute la maladie se résume dans cette perversion intellectuelle : supprimez-la, vous aurez une affection banale destinée à céder à la longue aux procédés classiques de traitement. »[2] Bon sens élémentaire là aussi, même s'il se rapporte à une affection *border-line* difficile à caser nosologiquement. Mais le bon sens et l'hystérie font mauvais ménage et de tout cela autant en a emporté le vent...

1. B. C. Brodie, *Lectures illustratives of certain nervous affections,* 1837, traduit en français par Aigre : *Leçons sur les affections nerveuses locales,* Progrès médical, 1880. Cité par Corraze, *op. cit.*

2. Ch. Lasègue, De l'anorexie hystérique, *Écrits psychiatriques,* Toulouse, Privat, 1971.

Chapitre V

L'HYSTÉRIE DANS L'HISTOIRE POLITIQUE ET RELIGIEUSE

Afin de trouver comment Freud a construit la théorie analytique et comment également d'autres approches disciplinaires ont vu le jour à partir de l'hystérie, nous avons jusqu'ici balayé les différentes approches médicales que Freud connaissait probablement bien. Ce tour d'horizon serait incomplet si nous ne soulignons pas que médecins et spécialistes du psychisme, à quelque niveau de savoir ou d'ignorance qu'ils fussent, ont toujours reconnu le rôle et l'importance de l'hystérie dans les événements religieux et politiques, d'où la suspicion légitime dans laquelle ils ont d'ailleurs confiné la relation des faits y afférant. L'insertion d'un trouble psychique aussi labile et mal codifié dans les événements historiques gêne car elle ne fait qu'embrouiller un peu plus les affirmations et contradictions de ses différentes définitions. Dans ce cadre, l'élément le plus inconfortable pour la rigueur de la pensée scientifique est que de trouble **endogène** lié à un dysfonctionnement utérin, nerveux ou organique, l'hystérie se mue alors en trouble **exogène,** par l'introduction du social et de la société. La théorie, là, doit ouvertement composer entre des données organiques et des données relationnelles liées au politique, au religieux, au groupe. Qu'on le veuille ou non, l'événementiel familial, local ou national devient ainsi partie intégrante de la science du psychisme, ce qui en soi n'est pas vraiment pas une nouveauté mais complique l'approche d'une atteinte sur laquelle s'est focalisé un maximum d'erreurs. Si nous ajoutons à cela la méfiance, voire la haine que suscitent la politique chez certains et la passion viscérale des positions religieuses pour d'autres, il n'est pas difficile de comprendre que l'hystérie, entre le politique et le religieux, et ce quoiqu'il se passe, est le plus souvent annulée par rigueur scientifique. **Le savoir n'a qu'une crainte : être confondu avec l'opinion ;** c'est dans cette angoisse que gît le problème...

Dans son ouvrage *Le maître et l'hystérique*[1], Wajeman, qui a magistralement abordé l'approche historique, parle « des croyants de l'hystérie » : « l'hystérie se présente comme une sorte d'appel constant à la foi, et pousse à la construction d'une science religieuse ». La foi en l'hystérie recoupe donc la foi en « l'avenir de cette illusion » qu'est la religion selon Freud, or qui mieux que l'hystérique manie l'illusion, le leurre ? Elle montre, propose son corps comme support de l'invisible lié à la foi ou comme incarnation physique du changement politique : c'est elle qui subit le martyre, c'est sur elle que le miracle fleurit, que les glorieux stigmates apparaissent ; montée sur son cheval, elle incarne Jeanne d'Arc, la France ; dénudée avec son drapeau, elle est la Révolution. « Le prophète est fou, l'homme inspiré a le délire. Le terme hébreu, traduit ici par "délirer", est le même que celui employé pour "prophétiser", il appartient à la classe des mots archaïques à double sens. Cela rappelle que le peuple ressent une sorte de parenté entre la prophétie et la folie. »[2] Le rapport entre le prophète et l'hystérique est un rapport de maître à disciple, entre celui qui devine et celui qui suit la pensée de l'autre dans les méandres de l'obscurité mystique ou même parfois psychanalytique (nous reviendrons sur

1. G. Wajeman, *Le maître et l'hystérique,* Paris, Navarin/Seuil, 1982.
2. B. Halpern-Zaoui et H. Z. Winnick, La psychiatrie dans la civilisation hébraïque antique, J. Postel et C. Quetel, *Nouvelle histoire de la psychiatrie,* Toulouse, Privat, 1983.

l'aide incontestable que les hystériques ont apportée à Freud, lors des débuts de la psychanalyse).

Prophétie et hystérie, foi et hystérie, pouvoir politique et hystérie ont des liens extrêmement étroits puisqu'on trouve systématiquement associé dans l'histoire, délinquance religieuse – délinquance politique – et délinquance mentale. Rappelons, une fois de plus, que le couple est à la base même du rapport de l'hystérie. La patiente n'existe pas sans le regard de son médecin car dans la solitude de ses fantasmes elle n'est qu'endeuillée et dépressive ; la sorcière, sans le discours de l'inquisiteur, n'est qu'une paysanne fruste et probablement frustrée ; tout prophète a ses hystériques délirantes car sans cela où serait son charisme ? La prophétie a d'autant plus d'impact qu'elle soulève les populations à la frange du risque... Certes chacun de nous, dans des situations particulières, est susceptible d'avoir des réactions hystériques (hurler, crier à mauvais escient), d'interférer dans des phénomènes hystériques (sectes, groupes charismatiques), d'avoir des rapports idéologiques avec le leader paranoïaque d'un groupe et de se trouver dans une position faussement passive (certaine forme de militantisme politique). Ce sont là des moments banals de ce que Lasègue avait appelé « une folie à deux »[1].

De l'orthodoxie religieuse et/ou politique l'hystérique se trouve souvent systématiquement exclue ; en revanche dans les périodes importantes de mutation, le pouvoir de Dieu peut conduire à la prise du pouvoir politique dans une effusion valorisée par le sang, le sien, celui des autres. L'enchantement que l'hystérique lie apparemment au verbe prophétique dissimule souvent mal sa volonté de puissance paradoxalement figurée par la mort dans l'épectase : la logique implacable du qui-perd-gagne hystérique fonctionne là aussi. Ainsi l'approche historique n'a jamais fait que confirmer ce que la médecine avait

1. Ch. Lasègue, La folie à deux, *Archives générales de médecine* (en collab. avec J. Falret), septembre 1877, *in* Ch. Lasègue, *op. cit.*, p. 49.

déjà souligné. Charcot le savait bien qui fait de fréquentes allusions à la sorcellerie : il était manifestement fasciné par ce thème mais n'a pu qu'émettre des réserves quant à l'utilisation systématique de l'approche historique.

Chaque époque de situation politique ou religieuse tendue voit ressurgir des épidémies sous le nom d'hystéro-démonopathies par exemple. Dans un premier temps, inconsciemment, la violence politique déchaînée à l'extérieur devient pour l'hystérique, le miroir de sa violence pulsionnelle interne refoulée ; dans un deuxième temps, elle suscitera en outre par identification à l'événementiel, une levée de la censure donc de ces mêmes refoulements et la réapparition des désirs interdits (d'où les manifestations sexuelles débridées des sorcières et autres), des émotions, de l'angoisse. Cette force non sublimable pour des raisons théoriques évidentes[1], est alors manipulée à son profit par le politique et le religieux : l'hystérique en ces circonstances n'est donc pas tant manipulante que manipulée, pas tant active que passive même si elle « façonne » en quelque sorte sa passivité à sa main.

Les époques de basculement politique, par l'affaiblissement du pouvoir, génèrent souvent un discours qui ne peut s'affirmer que du sacré faute de la consécration temporelle et favorisent le surgissement d'une parole à la fois floue et trop précise qui est, nous l'avons déjà souligné, celle là même de l'hystérie : parole sujette alors à l'interprétation des sages, des foules et des fous. Et pourtant, comme dit Foucault[2] à propos de la psychiatrie, c'est sur du silence que se sont bâties les théories historiques sur l'hystérie ; le silence de leurs mots, car si le bruit et la fureur autour de ces femmes ont traversé les siècles au fond que disaient-elles ? Les hystériques ne laissent pas de traces écrites, on ne les connaît qu'à travers le discours des autres. Wajeman, à propos de l'épidémie d'hystéro-démonopathie de Morzine,

1. Entre autres parce que la pulsion n'est manifestement pas dérivée vers un but non sexuel.
2. M. Foucault, *op. cit.*, 1961.

fait le même constat[1] ; même les hystériques de Freud n'ont laissé aucune trace écrite : ces bavardes impénitentes Emmy, Anna, Katarina, Dora, Cécilie, Elizabeth ne nous sont connues que par le discours freudien. L'hystérique a rarement le premier rôle, elle n'est que l'égérie, la muse, dans les meilleurs cas l'exégète ; le théoricien, quant à lui, écrit, il interprète ce qu'elle dit, qu'il soit psychanalyste, médecin ou inquisiteur ; le discours écrit sur l'hystérie est toujours un discours de deuxième main, et on peut facilement en concevoir toutes les implications.

Essayons d'illustrer sur un mode non exhaustif, ces constats.

I. — La Pythie

Thémis, une des épouses divines de Zeus, avait inventé les oracles, les rites et les lois ; elle avait enseigné également à Apollon les procédés de la divination. Cependant, malgré ces relations privilégiées, celui-ci avait tué un dragon nommé Python qui tout en terrorisant la contrée, était précisément chargé de protéger un vieil oracle de Thémis. En souvenir de cet exploit, Apollon fonda les Jeux pythiques célébrés à Delphes, puis s'empara de l'oracle de Thémis ; il consacra alors dans le sanctuaire un trépied où s'assit la Pythie qui y rendait ses oracles.

Toujours actif dans les relations conflictuelles entre les dieux, Apollon, directement ou par l'intermédiaire de la Pythie, après qu'Héraclès eut tué ses propres enfants, lui imposa en guise de châtiment un changement de nom (il se nommait Alcide) ; il le consacra alors serviteur d'Héra, et pour glorifier la déesse Héraclès, accomplit ses travaux[2].

Dur combat donc pour le pouvoir chez les dieux, dans l'Olympe ! Pendant ce temps, que racontait la Pythie[3]

1. J. Wajeman, *op. cit.*
2. P. Grimal, *Dictionnaire de la mythologie grecque et romaine,* Paris, PUF, 1969.
3. Une des Pythies, parce qu'il y en eut plusieurs interchangeables dont on disait d'ailleurs qu'elles étaient droguées avant les séances de prédiction.

assise sur son trépied, au-dessus de ses vapeurs ? Elle criait, proférait dans ses transes des paroles incohérentes que les prêtres interprétaient comme des messages d'Apollon : commerce d'argent pour sûr, commerce superstitieux probablement pour le peuple, commerce politique assurément car les plus grands la consultaient et les commentaires interprétatifs étaient vraisemblablement dans la ligne du pouvoir politique en place. En fait, « jamais un homme ne s'est assis à Delphes, sur le sacré trépied. Le rôle de Pythie ne convient qu'à une femme. Il n'y a qu'une tête de femme qui puisse s'exalter au point de pressentir sérieusement l'approche d'un Dieu, de s'agiter, de s'écheveler, d'écumer, de s'écrier : **Je le sens, je sens, le voilà, le Dieu,** et d'en trouver le vrai discours »[1].

II. — Le « Malleus Maleficarum » (1494). Le marteau des sorcières[2]

En 1484 à Rome, le pape Innocent VIII promulgue une bulle qui dénonce le fait que « de nombreuses personnes des deux sexes se sont livrées aux diables, à des Incubes et des Succubes ». Sur son ordre, deux moines Heinrich Kramer et James Spenger écrivirent alors un manuel d'Inquisition, le *Malleus Maleficarum (le marteau des sorcières)*[3] dans lequel plusieurs milliers de sorcières, quelques sorciers, y décrivaient les plaisirs extatiques éprouvés lors de ces copulations diaboliques.

L'ouvrage date de 1494, fin du Moyen Age et début des Temps modernes ; c'est une grande période de mutation où pouvoir temporel et pouvoir religieux cherchent à créer les conditions de la modernité : le processus est politiquement identique à toutes les époques et consiste à construire un bouc émissaire dont le profil véhicule les

1. D. Diderot, *Œuvres complètes,* Paris, Gallimard, La Pléiade, 1946, « Sur les femmes », p. 980. Souligné par Diderot.
2. Cf. à ce sujet I. Veith, *op. cit.*
3. Il y eut trente éditions, en deux cents ans.

fantasmes agressifs et sexuels du moment[1]. L'ouvrage, d'une misogynie féroce, dénonce la sexualité sous toutes ses formes même dans le mariage ; pour faire bonne mesure, la femme est également accusée de donner la lèpre, l'épilepsie, la folie et la mort ; elle peut aussi, par la puissance de son regard, d'abord castrer un homme puis lui rendre sa virilité s'il rentre en grâce par la suite.

Devant les tribunaux civils et religieux, la présumée sorcière était présentée nue, épilée totalement ; pour la recherche des zones insensibles, elle était piquée par un piqueur professionnel muni d'une longue aiguille : toute preuve d'insensibilité jouait en faveur de l'accusation. Après jugement elle était pendue, noyée ou brûlée vive sauf si l'ordalie (jugement de Dieu) jouait en sa faveur.

Le grand problème est le suivant : comment ces paysannes, pour la plupart incultes et illettrées, arrivaient-elles à donner les bonnes réponses et dans quel intérêt ? Même si cette réponse était en fait partie prenante de la question, ces femmes sensibles, à la fois butées et imaginatives, allaient, par leur « spongiosité » hystérique, masochistement au-devant du désir de l'autre, dans une jouissance (d'être l'objet de toutes les attentions ? concernant leur désir inconscient ?) qu'il nous est difficile d'appréhender et ce, quoi que nous en disions.

III. — **Les possédés de Loudun**[2]

Nous pourrions multiplier les exemples presque à l'infini : nous choisissons l'histoire des possédés de Loudun, parce que comme celle des convulsionnaires de Saint-Médard dont nous parlerons plus loin, elle met en scène le politique et le religieux dans leurs rapports à l'hystérie.

1. Sur le sens du phénomène de bouc émissaire, cf. R. Girard, *La violence et le sacré,* Paris, Grasset, 1972.
2. Voir à ce sujet : Diane Chauvelot, *L'hystérie vous salue bien !,* Paris, Denoël, 1995, chap. 7.

Historiquement, Loudun, ville protestante à l'époque de Richelieu, suscitait toutes les convoitises, mêmes royales. Les événements que nous allons relater se déroulèrent juste après les guerres de religion (1562-1598) où huguenots et catholiques se massacrèrent alternativement et furieusement jusqu'à la promulgation de l'édit de Nantes (1598). Les deux religieux qui en furent les vedettes attestent chacune d'une importante bibliographie *post mortem* : il s'agit du curé Urbain Grandier et d'une Ursuline, mère Jeanne des Anges.

En 1617 débarqua donc à Loudun Urbain Grandier, séduisant prêtre qui fit rapidement tourner toutes les têtes féminines. Malheureusement, se mêlant de tout, il accumulait les maladresses diplomatiques et notamment avec Richelieu lui-même. Les politiques, après avoir essayé de le condamner pour toutes sortes de méfaits, finirent par l'accuser de sorcellerie. Ce qui n'empêcha nullement Grandier, pendant ce temps, de « célébrer » lui-même son propre mariage tout en abandonnant, dans le même temps, la fille de son meilleur ami, enceinte de ses œuvres.

Mme de Belciel, en religion mère Jeanne des Anges, supérieure du couvent des Ursulines, essuya le refus de Grandier de devenir le confesseur de son couvent et décida de se venger : dans un premier temps par des rêveries éveillées sur le beau curé, rêveries érotiques qui, dans un deuxième temps, se généralisèrent rapidement à tout le couvent et se transformèrent en possession démoniaque. Compte tenu des turpitudes, des ambitions et du rôle politique que Grandier souhaitait jouer, il fallait l'abattre et on tenait là le prétexte : le confesseur de Mère Jeanne des Anges mit au courant le lieutenant qui avertit le procureur puis l'avocat du roi et le juge à la prévôté pour finir par Laubardemont, représentant de Richelieu. Devant l'ampleur que prenait le scandale, Mère Jeanne des Anges se rétracta et fit même une tentative de pendaison ; cependant le confesseur alla jusqu'au bout et finit par demander l'aide du curé de Chinon, fanatique et réactionnaire, qui exorcisa la Mère supérieure en public par des méthodes de la dernière obscénité.

Partisans et opposants au procès se succédaient sans qu'on n'y comprit goutte, si ce n'est évidemment le rôle politique de cette affaire ; l'unique faiblesse du scénario consistait dans le fait que ce procès en dupliquait un autre sur le même thème, à savoir la lutte de l'Église, par le biais de ses exorcistes, contre le pouvoir royal.

Après d'innombrables péripéties, grâce aussi à la complaisance des Ursulines qui bissaient à tous les rappels de ces sinistres et folles représentations théâtrales (l'emprise des démons se jouait en public), ce furent le roi et surtout Richelieu qui décidèrent la perte définitive de Grandier. Loudun tremblait, les Ursulines séquestrées dans des logements privés accusaient chacun et n'importe qui. Grandier, une fois arrêté, subit la question au-delà de toute mesure mais ne prononça que des paroles de foi et d'humilité, même sur son bûcher (1634). Dès sa mort, il fut qualifié de saint par tout le pays. Les nonnes alors entrèrent à nouveau en jeu au rythme de deux séances de possession par jour et à heures fixes ; Mère Jeanne des Anges finit sa carrière en héroïne nationale, après d'autres aventures tout aussi rocambolesques.

Diane Chauvelot, dans son travail sur cette période, affirme que toutes ces folies ridiculisaient autant l'Église qu'elles semblaient la soutenir et eurent comme effet secondaire de rétablir l'importance du discours médical, face à la totale déraison de l'Église en cette histoire[1]. Si Mère Jeanne des Anges et ses couventines peuvent être sans crainte qualifiées d'hystériques, à notre avis Grandier, par les nombreuses imprudences qu'il commit, avait également une composante fortement hystérisée : que signifie subir le martyre, se comporter comme un saint en bafouant sexuellement et ouvertement les lois de l'Église ? Ce récit souligne en outre l'aspect épidémique de l'hystérie et sa capacité à

1. Voir aussi sur ce thème l'intéressant ouvrage du Père Michel de Certeau, *La possession de Loudun,* Paris, Julliard, 1970.

faire perdre la raison sauf aux grands politiques, car si Richelieu joua de la chose, ce fut sur un mode pervers et sans y croire, semble-t-il, un seul instant.

IV. — Les convulsionnaires de Saint-Médard (1727-1732)

Dans toutes les religions, la prière joint le verbe et des manifestations corporelles : postures spectaculaires, rythmes lents et réguliers ou au contraire rapides et syncopés, manifestations motrices voire spasmes, phénomènes d'auto-hypnose (parfois convulsions « officielles »), émission de chants ou de sons, marques sur le corps. La complaisance hystérique ne peut que s'approprier cette corporéité artificiellement manipulée. En certaines circonstances, quand le religieux et le politique sont étroitement intriqués, les crises de convulsions politiques correspondent ou entraînent des convulsions corporelles amplifiées : une des plus connues, à la bibliographie impressionnante, est celle du cimetière Saint-Médard[1].

En 1727, depuis plus d'un siècle le pouvoir royal est en plein conflit avec les Jansénistes dont l'abbaye de Port-Royal a été détruite, sur ordre, dans un brasier. La polémique officielle porte sur le fait de savoir si l'homme est ou non prédestiné et si la grâce est réservée aux seuls élus comme l'affirment donc les Jansénistes contre les Molinistes. La question ayant un retentissement politique évident, l'hystérie se devait de produire ses preuves. Le 1er mai 1727, le diacre François de Paris de l'église Saint-Médard, qualifié de saint, meurt. Le jour même de son enterrement, un premier miracle : une paralysée du bras droit retrouve, après visite au tombeau, l'usage de celui-ci. Immédiatement les miracles

1. Il existe plusieurs centaines de titres d'ouvrages sur ce thème, dont quelques-uns sont consultables à la bibliothèque H.-Ey de l'hôpital Sainte-Anne. Cf. à ce sujet également Wajeman, *op. cit.*, et notamment le chapitre IV.

succéderont aux miracles, le tout attesté par témoins, prêtres et actes notariés.

Puis les miracles opèrent une mutation et font place à des « convulsions » plus effarantes les unes que les autres : le message divin est retourné en son contraire, il ne s'agit plus de preuves par la guérison, mais de souffrances gratuites offertes à Dieu, la preuve de « l'élection » du sujet étant sa survie suite aux effroyables supplices auto-infligés. En vain bien sûr, on tente de se percer, transpercer, mutiler, passer au fil de l'épée, écraser par des blocs de pierre, crever les yeux, trancher les seins... Rien n'y fait et les frêles jeunes femmes résistent aux armées d'hommes qui acceptent de se charger de ces divins services.

Que se passa-t-il pour que Louis XV comprît qu'il était compromis dans cette affaire ? Le désordre politique induit par ces transes corporelles (« ni surnaturelles, dirent les médecins, ni même naturelles ») se mêlant à la lutte acharnée qu'il menait contre le Jansénisme, lui parut une évidente manipulation :

> « Sur ces transes hystériques, le roi ne se trompa point qui, malgré les miracles du tombeau, ordonna la fermeture du cimetière. Or un plaisant anonyme inscrivit sur la porte fermée au lendemain de sa fermeture : "De par le Roi, défense à Dieu de faire miracle en ce lieu." Ce à quoi un abbé apporta, non sans pertinence, le commentaire suivant : "Ce que je trouve le plus plaisant, c'est que Dieu ait obéi." »[1]

L'hystérique se trouve ainsi incarner soit la subversion (1° temps : les convulsions), soit l'obéissance aux lois du pouvoir quand celui-ci sait exhiber sa force (2° temps : arrêt brutal des convulsions). En fait elle constitue avec ses semblables un groupe mobilisable à tout moment, ce que tout prophète charismatique « sait ».

Un siècle et demi plus tard, Babinski cernera la question :

> « Les phénomènes hystériques ou pithiatiques doivent avoir pour propriété de dépendre essentiellement dans leur apparition,

1. J. Wajeman, *op. cit.*

leur durée, leur forme, leur disparition, du milieu psychique où vivent les sujets suggestionnables dont la prédisposition maladive est susceptible d'être mise en jeu par tel ou tel spectacle, tel ou tel propos. »[1]

V. — 1905 : séparation en France de l'Église et de l'État, son retentissement sur la question de l'hystérie

S'il fallait une preuve de plus de la relation hystérie-religion, le fait que la fin du XIXe siècle et le début du XXe siècle français aient repris à leur compte et à leur tour les phénomènes religieux et leurs complaisances hystériformes, n'a rien d'étonnant vu les rapports hautement conflictuels de l'Église et de l'État, car l'avènement du siècle verra en effet en 1905 la séparation de la IIIe République et de l'Église. Des psychiatres, comme Charcot paradoxalement[2], étaient déjà entrés dans le combat dans un but de rationalisation et de démystification, en démontrant sans peine que stigmates, marques et apparitions ne recouvraient qu'un aspect bien connu de l'hystérie, tandis que d'autres tentaient de prouver l'authenticité possible de ces phénomènes.

A cette époque et même si le tout est parfois fort confus, les publications peuvent être divisées en deux groupes dans lesquels les tenants de l'histoire et de la religion infirment ou confirment les théorisations laïques des psychiatres :

a) Les premiers reprennent des événements célèbres comme l'épidémie d'hystéro-démonopathie[3], les stigmatisés[4], les possédés[5]. Une telle avalanche de textes rend

1. J. Babinski, *op. cit.*, 1909.
2. J.-M. Charcot, *La foi qui guérit,* Progrès médical, Alcan, Paris, 1897.
3. A. Constans, *Relations sur une épidémie d'hystéro-démonopathie en 1861,* Paris, Delahaye, 1863.
4. Warlomont, « L. Lateau : Rapport médical sur la stigmatisée de Bois d'Haine », Paris, Baillière Éd., 1875.
5. D. M. Bourneville, « La possession de Jeanne Féry, religieuse professe du couvent des sœurs noires de la ville de Mons (1584) », Delahaye et Crosnier, 1886.

tout choix arbitraire, la passion apparaît là par le nombre : de surcroît, c'est le moment que choisit Bourneville pour créer une collection dite « démoniaque » (équivalent savant de l'époque de nos actuels films d'horreur à sujet religieux comme *L'exorciste*) ; on continua de plus belle les publications sur des thèmes porteurs comme les Convulsionnaires de Saint-Médard précédemment évoqués.

b) Les ouvrages laïques retrouvent les mêmes thèmes mais sur un mode plus généralisant avec moins de cas particuliers : la possession ou même le miracle[1]. A la bibliothèque Henri-Ey de l'hôpital Sainte-Anne à Paris on compte par dizaines les travaux sur les mystiques, les stigmatisés, les miracles de Lourdes côté psychiatrie laïque ou côté psychiatrie religieuse.

Ces ouvrages ont comme soubassement théorique la sémiologie du XIXe siècle et ses thèmes favoris : la suggestion, la suggestibilité, l'hypnotisme, le mimétisme et bien sûr la simulation. Charcot ne mettait pas en doute certains de ces phénomènes mais il leur estimait une certaine « exagération ». Mysticisme ou agnoticisme, c'est l'époque charnière où l'intrication de la religion et de la psychopathologie naissante rendait l'approche du problème des plus conflictuelles et des plus passionnelles.

Nous aurions pu citer d'autres événements : par exemple les sorcières de Salem en Nouvelle-Angleterre en 1692.

Bornons-nous au constat que l'hystérie se joue à plusieurs : un ou des paranoïaques, une ou des hystériques. La perversion est également une des clés de la relation de l'hystérique à l'autre et elle est loin d'être uniquement dans le sens habituel qu'on lui prête, c'est-à-dire de l'hystérique vers les autres. L'hystérique est certes perverse, souvent dans la relation médicale par exemple, mais elle

1. P. Saint-Yves, *Le discernement du miracle,* Paris, Nourry, 1909 ; *La simulation du merveilleux,* Flammarion, 1912 (introduction de P. Janet).

est aussi manipulée par les pervers pour lesquels elle est une victime de choix. A la perversion initiale du leader répond un acquiescement parfois naïvement pervers : on oublie de noter que l'hystérique est souvent structuralement dotée d'une grande naïveté liée soit à une immaturité soit à une prématuration du moi et qui se révélera toujours finalement désadaptatrice.

Chapitre VI

L'HYSTÉRIE FREUDIENNE

Le 13 octobre 1885, Freud débarque à Paris pour y rester jusqu'au 25 février 1886. Ce jeune physiologiste avait déjà publié des articles d'histologie : « les racines postérieures du pétromyzon » (1877-1878), « nouveau procédé de préparation anatomique du SNC » (1879), « les cellules nerveuses de l'écrevisse » (1882), « procédé histologique permettant d'étudier l'appareil cérébral » (1884) et des études sur la cocaïne en 1884.

Dans le service du Maître, Freud rencontrera l'hystérie sous une forme à la fois théâtralisée et médicalisée, théâtralisée par des présentations de malades pantomimiques, médicalisée parce que les lésions dynamiques étaient présumées support de l'étiologie nerveuse. Après l'étude de la bibliographie française, et de retour chez lui il fut lui-même confronté aux hystériques viennoises dont le moins qu'on puisse dire est qu'elles se comportaient de manière radicalement différentes des françaises. Malgré son vibrant éloge de Charcot[1], Freud eut l'intuition qu'une mise en ordre de la problématique sur l'hystérie était indispensable. En une dizaine d'années, il mettra en place une synthèse de ces données qui se concrétisera entre autres par l'émergence du concept de conversion, une des matrices à nos yeux par laquelle est passée la naissance de la psychanalyse.

1. S. Freud, Charcot (1893), *Névrose, psychose et perversion,* Paris, PUF, 1984.

I. — Vers une épistémologie de la conversion freudienne

A) *Rôle de la sexualité.* — Jusqu'au XIXe siècle, l'hystérique souffrait de constriction ou de fureur utérine, de troubles ovariens ou ovariques mais le terme générique de sexualité n'était pas prononcé ; on trouvait là une pensée sur la physiologie et l'anormalité à tendance moralisante mais sans une perspective globale de la sexualité humaine. Le génie freudien consista à penser l'approche sexuelle de l'hystérie comme intégrée à la norme même si elle en était différente quantitativement, et non pas comme une forme de psychopathologie répréhensible, ce qu'elle était totalement devenue à cette époque (ce qui transparaissait en fait dès les textes antiques). Pour Freud, la sexualité finit par se définir comme « une série d'excitations et d'activités, présentes dès l'enfance, qui procurent un plaisir irréductible à l'assouvissement d'un besoin physiologique fondamental (respiration, faim, fonction d'excrétion, etc.), et qui se retrouvent à titre de composantes dans la forme dite normale de l'amour sexuel »[1]. Certes en 1885 cette théorie n'était pas encore au point mais elle le deviendra progressivement jusqu'en 1905 où elle culminera avec les *Trois essais sur la théorie sexuelle.* L'hystérie se greffera alors sur une théorie du développement intégrant la sexualité et ses avatars et cette prise de distance aura sa part dans l'élaboration de la théorie psychanalytique et plus particulièrement dans celle de la conversion.

B) *Troubles des fonctions de relation et des fonctions végétatives.*

a) Contractures et spasmes musculaires. A partir de 1880, Breuer, coauteur avec Freud des *Études sur l'hystérie,* soigne Bertha Pappenheim qu'il surnommera Anna O. : la jeune fille souffre de multiples symptômes parmi lesquels des contractures du bras et de la jambe,

1. J. Laplanche et J.-B. Pontalis, *Vocabulaire de la psychanalyse,* Paris, PUF, 1968.

une rigidité des articulations des deux épaules, des spasmes de tout le corps. La pathologie hystérique jusque-là est toujours identique à elle-même.

b) Les inhibitions sensitivo-motrices. Le XIXe siècle éprouva une fascination scientifique pour la paralysie hystérique. Charcot vers 1885, nous l'avons vu, différenciait les impuissances motrices liées à des lésions dynamiques hystériques des paralysies organiques dues à des lésions en foyer. En 1893 Janet eut la remarquable intuition de l'importance de la représentation de l'anatomie populaire dans le développement de l'atteinte paralytique et Babinski en 1892 travailla également sur les paralysies hystériques systématiques.

En fait, tout était en place pour permettre à Freud de concevoir sa rigoureuse synthèse sur la question, résultante de son stage chez Charcot, de son travail théorique, de ses lectures (surtout Janet) et de ses réflexions cliniques : il complétera ainsi la première théorie de la représentation du corps fantasmatique en la liant à la rencontre de l'inconscient et du savoir populaire anatomique dont parlait Janet ; c'est un des premiers précipités, précurseurs de tant d'autres, sur les rapports symboliques psyché-soma[1].

c) Troubles de la phonation. Les spécialistes de l'hystérie étaient marqués par les troubles de la parole, de la compréhension, voire les aphonies et même la toux.

Influencé par ces publications, Freud (ou Breuer) insisteront toujours sur les troubles de la parole chez Anna O., la toux de Dora, la voix de la cantatrice Rosalie H., qui ne lui

1. « L'hystérie se comporte dans ses paralysies et autres manifestations comme si l'anatomie n'existait pas, ou comme si elle n'en avait nulle connaissance (...). Elle prend les organes dans le sens vulgaire, populaire du nom qu'ils portent : la jambe est la jambe jusqu'à l'insertion de la hanche, le bras est l'extrémité supérieure comme elle se dessine sous les vêtements (...). Je ne peux que m'associer pleinement sur ce point aux vues que M. Janet a avancées dans les derniers numéros des *Archives de neurologie.* » Quelques considérations pour une étude comparative des paralysies motrices organiques et hystériques, 1893, in *Résultats, idées, problèmes,* Paris, PUF, 1984.

obéit plus, etc., suivant ainsi la trace de leurs prédécesseurs. Or chez tous les auteurs, le point essentiel des travaux antérieurs à Freud était une mise en relation *involontaire* entre l'incapacité physique à émettre des phonèmes et le fait de ne pas verbaliser affects ou sentiments : en effet dans l'hystérie traditionnelle, il était décrit un phénomène moteur OU un phénomène verbal : le génie freudien consista à démontrer que le phénomène moteur était en fait un phénomène psychique lié au verbe et au sens symbolique de la communication. C'est peut-être à ce moment que l'hystérie moderne commença son lent dévoiement par rapport à la neurologie.

d) Inhibitions et hallucinations sensorielles. Dans *Les études sur l'hystérie,* Freud constate chez bon nombre de ses patientes des troubles importants de la sensorialité : Anna O. souffre d'un strabisme convergent épisodique, Lucy R. d'anosmie, en parallèle à des hallucinations olfactives. Dans l'hystérie le monde des sens réagit donc soit en créant une hallucination, dont Freud perçoit rapidement qu'elle recouvre un désir refoulé, soit en inhibant une perception gênante.

e) Des anesthésies aux algies hystériques. Jusqu'au XIXe siècle, pour les médecins, la douleur des hystériques était un facteur méprisable et méprisé, le patient étant perçu comme la majorant constamment ; en revanche l'anesthésie était considérée comme un phénomène remarquable par son aspect évidemment spectaculaire. Peu de collègues tenaient compte au fond de la remarque clinique cependant essentielle de Lasègue[1] à savoir que les malades non averties du phénomène souffraient bel et bien de douleur physique liée, par exemple, à la torture.

Freud ajouta donc la douleur dans les signes à prendre en considération. Les malades paraissaient souffrir de douleurs physiques exacerbées, non sans une « belle indifférence » (Charcot), et de douleurs psychiques encore plus

1. Cf. à ce sujet, notre paragraphe dans « Hystérie et maladies nerveuses ».

rebelles parce que liées souvent à des sentiments profonds de culpabilité. Il opérera alors un renversement en proposant une sorte d'équivalence entre douleurs physiques et douleurs psychiques : il avait l'intuition qu'une douleur physique exagérée représentait en fait une douleur psychique importante. Sur « l'autre scène »[1], l'accent est mis systématiquement par le malade de façon inversée d'où le fait qu'il est difficile de ventiler le quantum douloureux au plus près de sa réalité psychique puisque, sur un certain mode, lui-même l'ignore. « Ce qui fait, dans le récit de la cure, communiquer soudainement deux ordres incompatibles, au point que l'un se déverse dans l'autre, c'est la douleur »[2], dit Monique David-Ménard qui ajoutera que cette traduction de la douleur psychique en douleur physique est quasiment une « transsubstantiation ». Transsubstantiation, passage d'un ordre du discours à un autre, ventilation inversée du quantum douloureux, l'approche de la douleur révélée ainsi était fort loin de la distinction habituelle des deux catégories de souffrance : pareil constat ne pouvait s'envisager qu'en faisant l'hypothèse d'un « saut du psychique dans l'innervation somatique »[3], hypothèse hardie, indémontrable physiologiquement mais toujours valable de nos jours.

Nous pourrions tenter de figurer ce phénomène de conversion de la façon suivante ; le malade se présente et nous recensons :

$$\frac{\text{TROUBLES MOTEURS + TROUBLES SENSORIELS}}{\text{DOULEURS PHYSIQUES}}$$

1. L'autre scène est originairement une allusion à la théorie du rêve : « la scène où le rêve se meut est peut-être bien autre que celle de la vie de représentation éveillée », S. Freud, *L'interprétation des rêves* (1900), Paris, PUF, 1973, p. 455. Freud compare l'univers du rêve et celui de l'hystérie.

2. M. David-Ménard, *L'hystérique entre Freud et Lacan,* Paris, Éditions universitaires, 1983.

3. « Ce bond du psychisme dans l'innervation somatique – la conversion hystérique – qui échappe toujours à notre entendement » (S. Freud, L'homme aux rats, 1909, *Cinq psychanalyses,* PUF, 1967, p. 200).

Nous interprétons :

$$\frac{\text{TROUBLES PSYCHIQUES + TROUBLES VERBAUX}}{\text{DOULEURS MORALES}}$$

Il s'agit là d'un véritable système de conversion au sens mathématique du terme, c'est-à-dire de change de l'unité de mesure : l'astuce de Freud consista :

1) A comprendre que les troubles moteurs représentaient symboliquement des désirs refoulés, que la douleur était avant tout une douleur morale.

2) A faire passer le problème de la phonation et du verbe de la catégorie motrice pure à la catégorie psychomotrice et de comprendre que les mots étaient imprononçables non pour des raisons neurologiques mais pour le sens caché qu'ils véhiculent ; la motricité verbale ne recouvre finalement que l'inconscient et ses résistances, et dans ce cas de figure les muscles et les articulations phonatoires ne dépendent plus que du psychisme.

3) La sexualité refoulée était l'opérateur de ces attaques.

Tout ce travail se condensera dans la célèbre formule de Freud : « L'attaque hystérique est un fantasme, traduit dans le langage moteur, projeté sur la motilité : c'est une figuration pantomimique. »[1] Phrase admirable à double écoute possible, car si elle renvoie peut-être Freud inconsciemment aux belles contorsionnistes des spectacles de Charcot, elle transforme le corps en interprète, en traducteur du psychisme : là, la conversion peut être perçue comme une théorie neurologique dévoyée par l'inconscient même si la neurologie y survivra, heureusement débarrassée de scories dont elle ne savait que faire ; paradoxalement la psychanalyse s'est tant éloignée de la neurologie qu'elle n'est plus « consciente » de cette filiation et rechercherait plutôt une identité du côté biologique, dans le droit fil du rêve freudien.

Cet apport de Freud sur l'hystérie est un de ceux qui perdurent car il a une récurrence explicative : rétroactive-

1. S. Freud, Considérations générales sur l'attaque hystérique (1909), *Névrose, psychose et perversion,* Paris, PUF, 1973.

ment par la découverte de la conversion, une partie du mystère hystérique a été expliquée et ce de façon irréfutable ; nul et pas même les auteurs du *DSM3* n'ont osé y toucher puisqu'ils ont maintenu un syndrome de conversion comme entité clinique à part entière. La conversion est un des modèles par où la connaissance de la psyché humaine est passée et c'est en partie de ce premier schéma théorique que la psychanalyse est née. La dialectique hystérique a atteint là un de ses achèvements parfaits, et que d'autres énigmes liées à elle persistent, que des erreurs constantes lui soient associées, augurent peut-être de nouvelles découvertes scientifiques...

II. — La conversion dans l'œuvre de Freud

Freud a employé le terme de conversion pour la première fois en 1894[1] (à un moment où il avait déjà élaboré d'autres concepts comme abréaction, complexe, fixation...), et en a fait un des premiers concepts vers une théorie intégrant le corps.

Freud la décrit ainsi :

« Le moi qui se défend se propose de traiter comme "non arrivée" la représentation inconciliable, mais cette tâche est insoluble de façon directe ; aussi bien la trace mnésique que l'affect attaché à la représentation sont là une fois pour toutes et ne peuvent plus être effacés. Mais on a l'équivalent d'une solution approchée si l'on parvient à transformer cette représentation forte en représentation faible, à lui arracher l'affect, la somme d'excitation dont elle était chargée. La représentation faible n'émettra alors pour ainsi dire plus de prétention à participer au travail associatif ; mais la somme d'excitation qui en a été séparée doit être conduite vers une autre utilisation.(...) Dans l'hystérie la représentation inconciliable est rendue inoffensive par le fait que sa somme d'excitation est reportée dans le corporel, processus pour lequel je proposerai le nom de conversion. La conversion peut être totale ou partielle ; elle se produit le long de l'innervation motrice ou sensorielle qui se

1. D. Anzieu, *L'auto-analyse de Freud,* Paris, PUF, 1975, t. 1.

trouve dans un rapport plus ou moins intime ou relâché avec l'événement traumatique... »[1]

De fait, la conversion

« consiste en une transposition d'un conflit psychique et une tentative de résolution de celui-ci dans des symptômes somatiques, moteurs (paralysies par exemple) ou sensitifs (anesthésies ou douleurs localisées par exemple). Le terme de conversion est corrélatif pour Freud d'une conception économique : la libido détachée de la représentation refoulée est transformée en énergie d'innervation. Mais ce qui spécifie les symptômes de conversion, c'est leur signification symbolique : ils expriment, par le corps, des représentations refoulées »[2].

Il suffit de suivre l'ordre des cas présentés dans L*es études sur l'hystérie* pour se rendre compte de l'importance de plus en plus marquée de la libido, donc de la sexualité, et de ses représentations refoulées par une censure prohibitive et sévère transformant les douleurs morales en douleurs physiques. Le corps hystérique laissera tomber petit à petit son statut de corps neurologiquement malade au profit de celui de corps érogène et érotisé, ce qui était contenu mais non avoué dans les cartographies de Charcot sur les points hystérogènes. « Qu'est-ce qui se convertit dans la conversion hystérique ? L'angoisse de castration se convertit d'une part en un excès d'érotisation du corps non génital et, d'autre part, paradoxalement, en une inhibition de la sexualité génitale. »[3]

III. — **Clinique :** ***Les études sur l'hystérie***

Nous étudierons l'évolution de la théorie freudienne sur l'hystérie en suivant les histoires de cas transcrites par Freud. Bien qu'elle soit la plus connue, nous ne reprendrons pas Anna O, d'une part parce que ce cas est entiè-

1. S. Freud, Les psychonévroses de défense (1894), *Névrose, psychose et perversion,* Paris, PUF, 1973, p. 4.
2. Laplanche et Pontalis, *op. cit.*
3. J. D. Nasio, *L'hystérie ou l'enfant magnifique de la psychanalyse,* PB Payot, 1995, p. 80.

rement de la plume de Breuer, d'autre part pour son manque de clarté tant psychopathologique qu'historique[1].

A) *Mme Emmy von N., Livonienne.* — 40 ans, sympathique : le diagnostic d'hystérie ne semble pas poser de doute. Elle est décrite agitée, le visage douloureux, des bégaiements, des tics, des hallucinations visuelles suggérant un délire qui alterne avec des états de conscience normaux, des sensations de froid et des douleurs dorsales, des crampes à la nuque et des migraines dont la possible origine organique est prudemment évoquée par Freud (p. 54) comme il le fera d'ailleurs pour quatre des autres cas. Le premier traitement envisagé est classique : bains chauds, massages sur tout le corps effectués par Freud, hypnose sous pression des doigts ; nous sommes encore là dans la médecine traditionnelle centrée sur le corps : Freud touche physiquement sa patiente.

— Première loi dégagée par Freud quasi incidemment et qui deviendra capitale par la suite : Emmy souffrait de douleurs aux bras et aux jambes qui, à l'origine, étaient rhumatismales ou musculaires, et qui sont devenues à la fois organiques et hystériques : « cas peu intéressant et fréquent » (p. 55) de « détermination par coïncidence fortuite ». En d'autres termes, il est survenu un jour chez la malade une coïncidence temporelle où a existé simultanément une situation psychologique pénible et des douleurs physiques d'origine organique, le tout créant un complexe d'association ; par la suite, toute situation pénible entraînera par ce complexe d'association la résurgence des douleurs physiques.

— Deuxième loi : si une partie des douleurs est d'origine organique, une autre « partie était très vraisemblablement une réminiscence de souffrances, un symbole mnémonique des périodes d'agitation (...). Peut-être ces douleurs, originellement d'ordre organique, avaient-elles ensuite été élaborées dans le sens de la névrose » (p. 71).

1. Voir à ce sujet l'ouvrage psychanalytiquement très contestable de Borch-Jacobsen, *Souvenirs d'Anna O.*, Aubier, 1995.

Si une partie est d'origine organique, l'autre est issue de souvenirs douloureux qui auraient été névrotisés. Les symptômes moteurs se trouvent liés à des traumatismes qu'ils représentent dans l'activité mnémonique sous forme de symbole : nous ne nous trouvons plus dans une coïncidence temporelle insignifiante mais dans des traumatismes ayant valeur historique (accidents, peurs d'enfant...) symbolisés dans la motricité. Le trouble physique représente donc symboliquement un traumatisme psychique. L'affect redonnera sens par la suite, et souvent après de multiples résistances, à des événements reproduits et surtout représentés sur le mode moteur.

— Troisième loi : si la malade a des mouvements symptomatiques, joue avec ses doigts, c'est par une dérivation de l'émotion sur une innervation différente. Et Freud de citer l'exemple de celui qui immobilise la tête, la bouche et les mains chez le dentiste tout en trépignant cependant.

— Retour en arrière théorique : confronté probablement à ses propres résistances, Freud opère un violent retour à la médecine du XIXe siècle (p. 80 et s.). Emmy a une hérédité névropathique très chargée ; sans cette prédisposition, elle n'aurait pas été atteinte par l'hystérie. Les affects persistent en elle à cause de sa constitution héréditaire même si cette femme est en fait « prédisposée » et non « dégénérée ».

— Dernier élément très modeste mais dont il importe de voir l'importance *in statu nascendi* : absence totale d'éléments sexuels, dit Freud (p. 80), alors que certains indices dans le texte font penser qu'Emmy von N. devait avoir un tempérament sexuel plutôt violent.

En conclusion : ce texte a une dimension historique parce que Freud est au moment du passage entre une pratique traditionnelle de la médecine et la création d'une nouvelle approche thérapeutique. Certes celle-ci a déjà été inaugurée par Breuer avec Anna O. en pratiquant le *chimney sweeping* (comme disait la malade) ou la « narration dépuratoire » (selon l'expression de Breuer) : théoriquement ce procédé cathartique[1] aboutit à une abréaction qui liquide l'émoi initial si la quantité d'excitation liée au trauma n'est pas trop importante ; nous voyons donc poindre là le point de vue économique qui prendra une grande importance par la suite. Commencent à se mettre en place également les notions de trauma, de symbolisme moteur, de sexualité, le tout se jouant dans la mémoire d'un sujet enfin rendu à son histoire.

B) *Miss Lucy R..., 30 ans.*

Premier temps : jeune fille souffrant d'anosmie suite à une rhinite chronique purulente et qui paradoxalement a sans arrêt une sensation olfactive subjective liée à une odeur d'entremets brûlé. Ses associations montrent qu'elle a effectivement fait brûler un entremets dans des circonstances traumatisantes et que du coup, l'odeur est devenue symbolique du traumatisme : nous retrouvons là en apparence « une coïncidence temporelle insignifiante ». Néanmoins Freud prend conscience que cette coïncidence ne prend sens que par la mise en jeu du refoulement (d'un sentiment amoureux à l'égard de son patron).

Deuxième temps décrit mais non analysé : au cours du traitement, l'odeur de l'entremets brûlé est remplacée dans l'hallucination olfactive par celle d'un cigare ; Freud, mécontent de ce changement d'objet, obtient par une pression de main un autre récit : une scène de frustration liée à un sentiment amoureux et où il régnait dans la pièce une odeur de cigare. A ce moment du savoir psychanalytique, il est évident que Freud ne peut ni nommer ni analyser le fait que cela se joue dans le cadre du **transfert**

1. La méthode cathartique cherche « l'effet thérapeutique dans une "purgation" (*catharsis* en grec), une décharge adéquate des affects pathogènes. La cure permet au sujet d'évoquer et même de revivre les événements traumatiques auxquels ces affects sont liés et d'abréagir ceux-ci. Historiquement la "méthode cathartique" appartient à la période (1880-1895) où la thérapeutique psychanalytique se dégage progressivement à partir de traitements opérés sous hypnose » (Laplanche et Pontalis, *op. cit.*).

(n'oublions pas que Freud fumait toujours le cigare en consultation). En réalité, dans le chapitre IV : « Psychothérapie de l'hystérie » (p. 245), Freud décrit le transfert uniquement comme une résistance majeure à l'analyse qu'il faut vaincre mais dont il n'a pas encore perçu l'aspect moteur ; il souligne ainsi les perturbations de la relation médecin-malade « quand le malade craint de reporter sur la personne du médecin les représentations pénibles nées du contenu de l'analyse ; le transfert au médecin se réalise par une fausse association » ; à ce moment d'élaboration théorique, le transfert est à la limite une erreur du malade reportant sur son médecin un événement vécu avec quelqu'un d'autre. C'est dans le cas Dora de *Cinq psychanalyses* que Freud prononcera pour la première fois l'expression « les transferts »[1] en étroite relation avec l'évolution de la cure.

Troisième temps : disparition du symptôme dans le cadre d'un transfert non élaboré qui a néanmoins permis à la malade un remaniement de son économie psychique.

En conclusion : l'importance fondamentale du désir sexuel et de son refoulement est nettement mentionnée : c'est une représentation sexuelle volontairement chassée de la conscience qui a provoqué le refoulement et entraîné un phénomène de conversion. Le champ de la conversion, jusque-là moteur, s'élargit puisque Freud assimile une odeur hallucinatoire à une conversion dans le registre sensoriel : cette représentation pathogène a donc débouché elle aussi dans l'innervation corporelle. Notons également cette définition du refoulement (p. 91) faite par Lucie à propos de son état amoureux : « Je l'ignorais ou plutôt je ne voulais pas le savoir, je voulais le chasser de mon esprit, ne plus jamais y penser et je

1. « Le transfert est le processus par lequel les désirs inconscients s'actualisent sur certains objets dans le cadre d'un certain type de relation établi avec eux et éminemment dans le cadre de la relation analytique. (...), c'est le terrain où se joue la problématique de la cure » (Laplanche et Pontalis, *op. cit.*).

crois y avoir réussi ces derniers temps. » Ce qui semble parfaitement su est en fait une idée incompatible avec la représentation de son moi : le sujet, dit Freud, isole ainsi un noyau de sa vie psychique.

C) *Katharina.* — Évolution essentielle par rapport aux deux autres textes, la sexualité est au centre même du cas. C'est une première esquisse de la scène de la séduction et du traumatisme réactionnel qu'elle entraîne.

Katharina, jeune fille rencontrée au hasard des vacances, souffre d'étouffements, de suffocations, de vertiges, de bourdonnements, d'angoisse de la mort. De son discours aisé il ressort :

Premier temps : Katharina a subi un traumatisme sexuel précoce (à l'âge de 14 ans, en pleine adolescence) au cours duquel son père aurait tenté d'abuser d'elle[1]. Sur le moment il n'y a pas eu de sa part compréhension de ce qui s'était passé, même si elle a ressenti « un effroi sexuel ».

Deuxième temps : à 16 ans ce trauma inconscient prend sens **dans l'après-coup,** à la vue de son père copulant avec sa cousine. Par associations K. évoque alors le souvenir de sa première peur, même si elle n'est pas le sujet impliqué dans la scène lui ayant causé le second effroi.

Ce cas nous conduit à décrire :

La théorie de la séduction chez Freud.

Une première mouture de la théorie de la séduction est ébauchée par Freud, dans une lettre à Fliess datée du 1er janvier 1896[2]. Dans les névroses de défense dont fait partie l'hystérie, deux conditions sont nécessaires pour qu'il y ait trauma, il faut « que l'incident provocateur ait été d'ordre sexuel et ensuite qu'il se soit produit avant la

1. Initialement dans le texte, il est écrit « son oncle », mais dans une correction de 1924, Freud note que c'est le père le coupable : du fait de la mise en évidence ultérieure de l'importance du complexe d'Œdipe, Freud ne peut laisser ce faux-sens.

2. S. Freud, *La naissance de la psychanalyse,* Paris, PUF, 1969, Manuscrit K, lettre n° 39, p. 129.

maturité sexuelle » ; sur le coup ces représentations ont été désagréables mais avec le temps elles sont devenues inoffensives et n'entraînent qu'un mauvais souvenir. En revanche, si une nouvelle représentation sexuelle survient après la puberté, « le souvenir produira un effet bien plus considérable que l'incident lui-même ». **Le traumatisme sexuel a donc lieu en deux temps** : un avant, un après la puberté. C'est **dans l'après-coup** que la scène originelle prend sens, qu'elle est remaniée en fonction des expériences nouvelles, de l'accès à un niveau de développement intellectuel impossible à l'époque où s'était joué l'événement : elle devient alors pathogène. A partir de ce moment, Freud cherchera chez toutes les hystériques des scènes de séduction précoce comme chez Katharina.

Néanmoins, neuf mois après il écrira, toujours à Fliess[1] : « Il faut que je te confie le grand secret, qui au cours de ces derniers mois s'est lentement révélé. Je ne crois plus à ma neurotica. » La neurotica, c'est la scène de la séduction par l'adulte et Freud énumère les raisons de sa nouvelle conception : d'abord, aucune révélation n'a pu être suffisamment claire, d'où un manque de succès du traitement ; ensuite, il existe un nombre de cas suspectement nombreux ; puis il n'existe aucun **indice de réalité** permettant de différencier la réalité de la fiction investie d'affect ; et enfin, même dans les psychoses ce souvenir n'apparaît jamais clairement.

A cette époque Freud aurait-il définitivement rejeté la théorie de la séduction et si oui par quoi l'aurait-il remplacée ? Le saut accompli est immense car Freud, en fait, est passé d'une réalité psychologique et criminelle (l'inceste entre parents et enfants), à une « vérité » du fantasme inconscient. Coup sur coup, il a différencié réalité psychique et réalité matérielle, il a pressenti l'importance de la sexualité infantile et des fantasmes organisateurs de celle-ci. Ainsi petit à petit a émergé la notion de **fantasmes**

1. S. Freud, *ibid.*, lettre n° 69 du 21 septembre 1897, p. 191.

originaires se jouant dans une mythique préhistoire de l'humanité et qui seraient « des structures fantasmatiques typiques que la psychanalyse retrouve comme organisant la vie fantasmatique, quelles que soient les expériences personnelles des sujets »[1]. Et justement, parmi eux, il met la séduction originaire comme fantasme inconscient prenant sens à l'intérieur de la situation œdipienne.

Freud, par logique théorique, nia-t-il systématiquement par la suite la réalité matérielle de la scène de la séduction ? Certainement pas, car cela aurait été cliniquement non fondé : dans les *Trois essais*, ou dans l'*Abrégé de psychanalyse,* il en affirme clairement l'existence même s'il ne travaille que sur le fantasme inconscient, concept porteur de la théorie psychanalytique. C'est là le contresens à nos yeux d'un ouvrage comme *Le réel escamoté*[2] : Freud ne nie pas la réalité de l'inceste ou du viol, il la catégorise autrement tout en ne travaillant que les effets du fantasme inconscient sur la dynamique psychique.

La théorie de la séduction a cependant pris de nos jours une autre perspective par les travaux de Jean Laplanche qui pousse les hypothèses freudiennes à leurs limites. La pulsion sexuelle, dit-il, a un **objet-source** : « tout être humain a une double précession : d'une part le préalable d'un organisme voué à l'homéostase et à l'autoconservation ; d'autre part celle d'un monde culturel adulte où l'enfant est d'emblée et complètement plongé ». Lors des soins quotidiens, les gestes de la mère sont porteurs de messages sexuels inconscients et produisent sur le bébé un mouvement de clivage entre ce qu'ils sont censés produire (le soin) et ce qu'ils produisent en fait (la séduction). Les messages émis par la mère sont **énigmatiques** tant pour elle que pour l'enfant qui les reçoit. Mais cette **séduction originaire** (comme les fantasmes originaires) est à la source de la sexualité et de l'érotisation : c'est donc la

1. Laplanche et Pontalis, *op. cit.*
2. J. Masson, *Le réel escamoté, le renoncement de Freud à la théorie de la séduction,* Paris, Aubier, 1984.

mère qui séduit l'enfant en transmettant ce qu'au fond elle n'est pas consciente de transmettre[1].

D) *Frl. Elizabeth v. R.* — C'est le cas princeps, l'apogée de la théorie de la conversion et de la lecture des traces et de leur évolution. Elizabeth est une jeune fille de 24 ans souffrant d'astasie-abasie : d'emblée Freud donne le ton, elle souffre de douleurs avec « la belle indifférence » des hystériques. Il insiste sur la nécessité d'un autre regard sur cette douleur incontestablement physiologique mais vécue et supportée d'une manière qui la rend, dans son essence, radicalement différente des douleurs physiques habituelles, ce qui la place dans un autre registre.

En bon clinicien, il pratique d'abord un examen des jambes, des zones sensibles et insensibles, des réflexes ; il note parallèlement que son discours, contrairement à celui d'une hypocondriaque, est flou comme si « l'attention de la jeune fille qui attribuait pourtant de l'importance à son mal, était tournée vers quelque chose d'autre... » (p. 107). Freud, dans le calme de la consultation et non dans le théâtralisme de l'école française, s'aperçoit également qu'E. réagit « par une singulière expression de satisfaction plutôt que de douleur » (p. 108). En disciple de Charcot, il pense qu'est alors atteint une zone hystérogène, et ce, même si Charcot insistait peu sur les cuisses. Dès le départ il posera une sorte d'équivalence clinique entre corps de douleur et corps de plaisir, corps physiologique et corps érogène. Il souligne bien (p. 108) : « l'expression du visage ne correspondait pas à la douleur (..), mais sans doute concordait-elle mieux avec le contenu des pensées à l'arrière-plan de cette douleur, contenu que l'excitation des parties du corps associées avec lui remettait au jour ».

Le terme clé est manifestement le mot **douleur (schmerz),** c'est lui qui fait le lien entre le corps et l'âme, et par ce pro-

1. J. Laplanche, *Nouveaux fondements pour la psychanalyse,* Paris, PUF, 1987.

cédé langagier le discours unit inconsciemment les deux : en d'autres termes le verbe crée un terrain moniste factice là où on se pensait en terrain dualiste. Est-ce un artifice freudien de jouer sur les deux registres ? Cette utilisation du terme préfigure-t-elle l'introduction du corps fantasmatique et érogène dans la relation médecin-malade ? Cela souligne-t-il (et c'est novateur) que ce corps donné à voir et vu n'est compréhensible qu'en dehors du discours officiel médical, et par une approche différente des signifiants ?

Freud, prudent, préservera néanmoins une partie traditionnelle de la relation médicale en se réservant des massages.

1) Histoire de la malade, ses identifications.

Très attachée à son père, E..., identifiée à un garçon par ce dernier, « remplaçait un fils et un ami avec qui il pouvait échanger des idées, (...) en fait elle était elle-même très mécontente de sa féminité » (p. 110). Le père tombe malade, elle le soigne pendant un an et demi et, après sa mort, elle s'efforcera de le remplacer auprès de sa mère et ses sœurs. Quelque temps après, elle s'astreindra à une cure d'obscurité avec sa mère qui souffre des yeux. Ce n'est que plus tard qu'elle acquerra le statut de malade de la famille.

Au long de ces événements nous assisterons à une série d'allers et retours des mouvements identificatoires d'Elizabeth : d'abord à son père, puis à sa mère, puis retour au père par la maladie ; en d'autres termes elle s'identifie au père actif (elle le soigne), à la mère constamment passive, dépendante par ses troubles nerveux et ophtalmiques, puis au père passif pris en charge malgré son activité initiale : cela se joue dans l'identification bisexuelle caractéristique des hystériques[1]. Dans la vie quotidienne, de plus, elle refoule un désir amoureux profond pour son beau-frère.

Pour en terminer, ajoutons qu'à la mort de sa sœur qui laissait un enfant derrière elle, elle et sa mère réclament la garde de celui-ci, ce que le beau-frère refuse ; en fait elle

1. Cf. plus loin l'approche que nous ferons de l'article de Freud, Les fantasmes hystériques et leurs relations à la bisexualité.

essayait inconsciemment de réaliser le vœu de bien des hystériques : être à la fois le père et la mère, éviter le rapport sexuel et ses connotations non intellectualisables, animales et passivement humiliantes (c'est ici une extrapolation non explicitement formulée dans le texte) ; nous pourrions interpréter que son rêve inconscient est d'être la Vierge Mère, la Sainte Vierge[1].

2) Premiers éléments de conversion.

La question que se pose Freud est : comment mettre en rapport les deux séries hétérogènes que sont les troubles moteurs et les souffrances morales ? Était-ce une coïncidence temporelle (première théorie) ? Comment s'effectue cette substitution, se demande-t-il, alors qu'il ne peut s'empêcher de remarquer son regard « malicieux et sarcastique », elle que son père qualifiait avec affection « d'insolente et méchante » (p. 114) ? Pourquoi est-ce une abasie ? Utilise-t-elle les douleurs physiques comme *symboles* de faits psychiques ? Il sent en fait obscurément l'emprise du jeu du qui-perd-gagne hystérique mais ne le connaît pas.

3) La sexualité.

Tout sentiment amoureux chez E... semble voué à l'échec pour des raisons présumées concrètes, comme les soins à ses parents qui éloigne un jeune homme la trouvant donc indisponible (p. 115) ou la culpabilité à quitter son père malade pour aller danser malgré l'accord de celui-ci. Par devoir elle doit se sacrifier.

La culpabilité est constamment présente même si Freud, par moment, semble victime des mêmes errements qu'elle... Sortir, danser en laissant son père seul, est cause de conflit :

> « Il convenait donc de rechercher la cause des premières douleurs dans ces faits et dans la scène ci-dessus mentionnée. C'est du contraste entre l'ivresse joyeuse alors ressentie et la misérable condition où se trouvait son père quand elle rentra à la maison, que naquit un conflit, un cas d'incompatibilité. En conséquence, la représentation érotique fut rejetée hors de l'association et l'af-

1. Cf. à ce sujet J.-P. Valabréga, *op. cit.*

fect qui s'y trouvait lié servit à augmenter ou à ranimer une douleur physique présente à ce moment-là (ou peu auparavant). Il s'agissait donc d'un mécanisme de conversion au service d'une défense » (p. 116).

Sur cette nouvelle définition de la conversion se greffe pour la première fois une ébauche de théorie de l'affect se détachant de la représentation et augmentant ou ranimant une douleur physique.

4) Le transfert.

Au bout d'un certain temps, Freud se mit à suspecter le discours de la jeune fille, percevant intuitivement que la coïncidence temporelle entre une douleur physique et une scène désagréable causant une douleur morale n'était pas une clé, d'autant qu'une étude plus poussée lui indiqua que c'était une reconstitution après-coup. En réalité l'attention d'E... était tournée vers ses jambes, vers les mouvements qu'elle décrivait à Freud : sauter sur ses pieds pour aller voir son père et sentir une pénible sensation de froid ; s'immobiliser quant elle recevait une visite agréable mais ne pas recevoir le visiteur... Le tout tant et si bien que « les jambes douloureuses commencèrent elles aussi à parler pendant nos séances d'analyse » (p. 117) : ce qui ne s'appelle pas encore le transfert fonctionne et permet la réémergence de souvenirs oubliés ou refoulés. Commence alors à se dessiner sur les jambes d'E... une véritable cartographie de ses émois, chaque émotion ou affect a une correspondance douloureuse sur ses jambes : par exemple, dès que le souvenir de l'endroit où son père posait sa jambe lors du changement des bandages est évoqué, la douleur surgit, et Freud l'utilise « comme boussole ». C'est un moment d'abréaction généralisée, un exemple intéressant des connivences inconscientes entre un analyste et son client ; par le transfert, E... donne à Freud ce qu'il souhaite entendre et participe sur un mode actif à la création d'une nouvelle thérapeutique.

Au bout d'un certain temps **l'attention** de la malade ne se centre plus sur cette projection d'une douleur morale sur l'espace du corps mais sur la **position** qu'elle avait au moment des scènes : elle se décrit alors à la façon d'un mime, offrant ses fantasmes dans une mouvance figée. La souffrance du corps qu'elle décrit a pour fonction inconsciente de refouler ses désirs de jouissance tout en se dissimulant à elle-même les scénarios imaginaires qu'elle aurait aimé vivre mais qui conduisent inéluctablement à la catastrophe : ainsi elle était **clouée** sur place quant on ramena à la maison son père en crise cardiaque, elle demeura **figée** devant le lit de sa sœur morte (p. 119). Que représente une **astasie-abasie** sinon la représentation symbolique de ses expressions ? « Mais un autre facteur, dit Freud, doit avoir joué un rôle ». Chaque position dans l'espace est évocatrice d'un scénario d'amour interdit, de vœu de mort de la sœur qui mourut effectivement, le tout n'étant qu'un déplacement de l'amour œdipien que la jeune fille éprouvait envers son père : Freud utilise cet amour dans le transfert et ne le voit pas.

L'évidence pour un lecteur actuel est que, pour la première fois, est mise en lumière dans cette histoire de cas, l'importante intrication entre Œdipe, sexualité et transfert. Tout mouvement amoureux vers un homme (d'abord un jeune homme puis le beau-frère, le tout dissimulant le père qui dissimule lui-même Freud) est interdit et voué à l'échec. La marche symbole de **l'attraction vers, aller vers** lui est interdite. Ce ne sont pas les scènes qui sont en elles-mêmes traumatisantes mais les désirs inscrits dans les scénarios refoulés vers lesquels il vaut mieux ne pas aller, rester immobile. Elle s'ordonne une immobilité psychique qu'elle transforme en immobilité physique. Dans l'inconscient, les mouvements de l'affect dans la dynamique psychique émergent souvent à la conscience sous forme de phobies du mouvement et de la motricité (source par exemple de la peur de nager, de faire du vélo, de conduire une voiture..)

Son corps est à la fois sujet et objet du scénario du désir et de son interdit ; le désir interdit se transforme alors en douleur (nous ne sommes plus dans des douleurs morales qui deviennent des douleurs physiques), le tout se joue sur un sentiment d'échec lié à des réalisations impossibles. La malade se plaignait de la **« solitude, du sentiment de son impuissance, de son sentiment de ne pouvoir avancer »** (p. 120). La double symbolique, à savoir l'impuissance et l'arrêt traduits par une intensification des douleurs, conduit Freud à conclure que ce trouble est « non seulement une paralysie fonctionnelle psychique, associativement créée, mais encore une paralyse fonctionnelle symbolique » (p. 121).

Dans le transfert, la patiente finit par mettre en scène son scénario : en séance elle se lève, croyant entendre son beau-frère dans la pièce voisine, et éprouve immédiatement de violentes douleurs (cela dit, notons ce fait exceptionnel : se sentant inconsciemment protégée par Freud, elle va vers l'homme même si elle s'en punit immédiatement).

5) La conversion symbolique.

Pourquoi les douleurs dans les jambes viennent-elles remplacer les douleurs morales (p. 139 et s.) ?

a) « Une douleur d'origine réellement organique avait existé au début », de type douleurs classiques et banales (névralgies, maux dentaires, rhumatismes...).

b) Cette douleur primitive devient le symbole mnémonique d'émois psychiques dans une partie du corps qui acquiert alors le statut de **zone hystérogène**.

c) C'est par la rencontre avec le langage que la douleur devient symbolique.

Ce n'est pas exactement ainsi que cela se passe chez Elizabeth : l'inscription d'un scénario où le désir et son refoulement coexistent dans le même instant crée de façon visible sur le corps de la jeune fille un symptôme physique : par exemple vouloir aller vers un homme, se l'interdire et rester clouée sur place en ayant des crampes intolérables. Dire que ces crampes ont eu une origine rhumatismale, c'est prendre défensivement la physiologie comme base de construction de la conversion ; c'est la symbolique langagière qui est à l'origine du symptôme, c'est une figure du discours qui s'est inscrite dans le corps. Parler d'une base physiologique revient à créer une symbolique artificielle par l'association temporelle de la douleur morale et de la douleur physique (retour à la première théorie).

Les hiéroglyphes de la conversion.

Dans le cas de Katharina, Freud compare « la symptomatologie hystérique à des hiéroglyphes que la découverte de certains écrits bilingues nous avait permis de déchiffrer » (p. 101). La pierre de Rosette portait un texte de trois écritures différentes : hiéroglyphique, démotique et grecque ; pour traduire les hiéroglyphes, Champollion a lié la compréhension du troisième terme (le hiéroglyphe) à l'identité reconnue des deux premiers.

Qu'en est-il du hiéroglyphe de la conversion ? Nous proposons cette construction métaphorique :

— écriture la plus connue, la grecque représente la sexualité déchiffrable en elle-même, le désir (Œdipe caché) ;
— écriture en langue vulgaire, le démotique représente l'interdit, la censure, la souffrance morale réactionnelle, compréhensible en apparence parce qu'associée par le patient à la morale, au devoir, au sacrifice ;
— écriture sacrée, le hiéroglyphe renvoie la conversion (la douleur physique) à une représentation symbolique langagière mettant en relation l'identité du désir et de l'interdit. Formation de compromis déformée et méconnaissable, elle satisfait en un même symptôme le désir inconscient et les exigences défensives.

Les trois faces de la pierre parlent du même scénario lu à travers trois écritures et qui le traitent donc de façon radicalement différente : ces trois approches sont cependant nécessaires pour dégager le sens unifié du symptôme. Chez Elizabeth, l'astasie-abasie crée sur le corps une représentation langagière populaire prenant sens par le scénario latent. « Je suis immobile et coincée et ne puis donc réaliser mes souhaits conscients » (celui de faire le bonheur de ma mère et de mes sœurs) : la conversion joint dans un même empêchement deux ordres de désir, les désirs inconscients interdits et les désirs conscients ambivalents mais impossibles pour des raisons de maladie.

Cela s'illustrera aussi dans le cas exemplaire de Mme Cecilie souffrant d'une névralgie faciale : une remarque l'ayant « frappée » très péniblement, elle s'écria : « C'est comme un coup reçu en plein visage » ; à un autre moment elle a une violente douleur au talon droit alors qu'elle est dominée « par la crainte de ne pas se présenter comme il le faudrait » [le verbe *auftreten* signifie à la fois « marcher » et se « présenter »] ; déjà à 15 ans, Cecilie avait éprouvé une douleur térébrante au front, car sa grand-mère l'avait regardée d'une façon si « perçante » que ce regard avait pénétré profondément son cerveau ; à un autre moment elle aura une aura hystérique dans la gorge après s'être dit : « me voilà obligée d'avaler ça », etc.. Cecilie incarne le langage, inscrit la métaphore dans son corps qui devient ainsi une figuration du discours.

IV. — La création de la névrose d'angoisse

Au cours des années 1894-1895, Freud avait publié avec Breuer les *Études sur l'hystérie* : déjà auparavant, dans sa correspondance avec Fliess, il avait cherché l'étiologie de l'hystérie et de la neurasthénie et, dans les deux cas, la clinique semblait démontrer que le facteur présent était la sexualité : « On sait généralement que la neurasthénie est fréquemment due à une sexualité anormale », « c'est ici le coït interrompu qui s'avère le plus nuisible en produisant même sur les sujets non prédisposés ses effets caractéristiques ». Face à ces constats, Freud en était même arrivé à penser, non sans découragement, qu'il n'était pas possible d'agir puisque la pratique sexuelle « réelle » était en jeu : « il s'ensuit de ce qui précède que les névroses sont parfaitement évitables mais totalement incurables. La tâche du médecin est tout entière d'ordre prophylactique »[1].

Il conclut donc logiquement que certains problèmes sexuels ne relevaient pas de la psychanalyse car leur étio-

1. S. Freud, *Naissance de la psychanalyse, op. cit.*, manuscrit B, février 1893, p. 60-66.

logie s'inscrivait à un niveau de « réalité » organique et non point dans le fantasme ; il lui était en effet politiquement nécessaire, pour des raisons pragmatiques d'indication de traitement, de distinguer en les dichotomisant les troubles sexuels guérissables de ceux qui ne l'étaient pas. Pour la bonne marche de la psychanalyse, trier l'hystérie et sa problématique sexuelle signifiante du « reste », neurasthénie ou névrose d'angoisse, s'avérait essentiel et ce, même si certains rapprochements théoriques pouvaient conduire à conclure que des maladies aussi proches devaient relever d'une thérapeutique identique.

« Ainsi, dans la névrose d'angoisse, comme dans l'hystérie, il se produit une sorte de « conversion » (ce qui révèle une nouvelle similitude entre les deux maladies).Toutefois, dans l'hystérie, c'est une excitation psychique qui emprunte une mauvaise voie en menant à des réactions somatiques. Dans la névrose d'angoisse, au contraire, c'est une tension physique qui ne peut réussir à se décharger psychiquement et qui continue, par conséquent, à demeurer dans le domaine physique. Les deux processus sont extrêmement souvent combinés. »[1]

La viabilité de la psychanalyse supposait que l'on ôtât de son chemin les difficultés techniques qui pourraient la conduire à n'être qu'une théorie mort-née. Fort de cette assurance et tout en cumulant les observations cliniques, Freud publiera donc en 1895 également, en parallèle aux *Études sur l'hystérie* : « Qu'il est justifié de séparer de la neurasthénie un certain complexe symptomatique sous le nom de "névrose d'angoisse". »[2] Dans ce texte, l'hystérie perdait au profit de la nouvelle entité clinique une de ses caractéristiques essentielles, à savoir l'importance pour l'éclosion symptomatique de la frustration sexuelle. Freud n'a donc pas supprimé l'hystérie comme tant d'autres, il l'a simplement dichotomisée suivant en cela d'ailleurs Charcot qui tenta à plusieurs reprises de différencier les hystériques lésionnels des simulateurs. Même si, en partie,

1. *Ibid.*, manuscrit E, juin 1894, p. 85.
2. S. Freud, « Qu'il est justifié... », in *Névrose, psychose et perversion,* Paris, PUF, 1973.

il en est rapidement revenu en introduisant le concept **d'hystérie d'angoisse**, la tentation d'éliminer un des éléments de ce désordre nosographique l'a donc effleuré lui aussi puisqu'il n'a jamais renié la névrose d'angoisse qu'il évoquera même dans l'*Introduction à la psychanalyse.*

Ce distinguo clinique fut accommodé, selon les nécessités du moment, de diverses façons : si la frustration sexuelle hystérique fut déclarée d'incidence psychique, celle qui caractérisait la névrose d'angoisse s'originait dans des événements ponctuels de la vie du sujet (veuvage, célibat, insuffisances des techniques anticonceptionnelles, morale sévère) : on concluait donc que cette névrose acquise avait pour « facteurs étiologiques actifs une série de nuisances et d'influences provenant de la vie sexuelle ».

La sémiologie de la névrose d'angoisse se définit par :

— une excitabilité générale ;
— un phénomène d'attente anxieuse ;
— des accès d'anxiété ou d'angoisse ;
— des accès d'angoisse rudimentaire ou équivalents de l'angoisse.

Quand Freud énumère la liste des équivalents somatiques de l'angoisse, une nouvelle porte s'ouvre à la recherche : il désigne ainsi les troubles de l'activité cardiaque, les troubles respiratoires, les accès de sudation nocturne, les tremblements et les secousses corporelles (aujourd'hui tétanie et spasmophilie), les crises de fringale (aujourd'hui boulimie), certaines diarrhées, les vertiges locomoteurs, les congestions, les paresthésies banales, les réveils nocturnes dans l'effroi, les faux vertiges de Menière, des phobies violentes, des troubles digestifs et des paresthésies accompagnant les vertiges ou l'angoisse associées à des sensations différentes de celles de l'hystérie. A quelques rares exceptions près, nous avons là une liste de ce que médecins et chercheurs appellent aujourd'hui les troubles psychosomatiques dont Freud, dans ce texte, a défini le champ.

La névrose d'angoisse n'admet aucune dérivation d'origine psychique et s'accompagne d'une diminution de la libido et du plaisir. Elle est due à une accumulation d'excitation d'origine somatique.

« Son mécanisme est à rechercher dans la dérivation de l'excitation sexuelle somatique à distance du psychisme et dans une utilisation anormale de cette excitation qui en est la conséquence. La psyché tombe dans l'affect d'angoisse lorsqu'elle se sent incapable de liquider par la réaction correspondante une tâche provenant de l'extérieur (danger). Elle y tombe également si elle est incapable de régler l'excitation d'origine endogène (sexuelle), elle se comporte donc comme si elle projetait cette excitation vers l'extérieur. »

Il s'agit là d'un problème essentiellement **quantitatif** alors que l'hystérie relève quant à elle d'interprétations **structurales et qualitatives**.

Freud reviendra à plusieurs reprises sur cette question modifiant et nuançant son jugement. C'est paradoxalement dans le texte « La psychanalyse dite sauvage »[1], dont la finalité semblait tout autre, qu'il peaufinera en partie sa pensée. Il y écrit que toute problématique sexuelle a une origine psychique, même et y compris quand le sujet se plaint d'une abstinence actuelle :

« Celui qui refuse d'admettre ce point de vue psychanalytique touchant la psychosexualité n'a aucun droit de se réclamer des doctrines de la psychanalyse relatives à la signification étiologique de la sexualité. En attribuant une importance exclusive au facteur somatique, dans le domaine sexuel, il simplifie certes grandement le problème mais doit porter seul la responsabilité de son procédé. [Et il ajoute] Si les névrosés ne souffraient pas de résistances intérieures, la puissance de l'instinct, même sans les conseils du médecin, leur montrerait la voie menant à la satisfaction. »[2]

Ce n'est pas que Freud n'y aborde également la question de la névrose d'angoisse, *névrose actuelle par excellence* dit-il et dont il reconnaît volontiers qu'il n'est pas évident *d'y apercevoir le rôle du facteur psychique et du refoulement*. Il

1. S. Freud, A propos de la psychanalyse dite « sauvage » (1910), in *La technique psychanalytique*, Paris, PUF, 1970.
2. *Ibid.*, p. 38

souligne néanmoins qu'« une personne qui souffre d'anxiété n'est pas forcément atteinte d'une névrose d'angoisse ». « L'hystérie d'angoisse, ajoute-t-il, n'est pas la névrose actuelle qui ne laisse aucune place à la psychanalyse. » Traitons donc le malade en usant du transfert, comme pour une hystérie ordinaire : peut-on voir ici la névrose d'angoisse revue et corrigée par « le rôle qu'y joue le facteur psychique et le refoulement » ? Freud ira même plus loin en soulignant que prétendre guérir une névrose d'angoisse par des propositions précises sous-tendant une hygiène sexuelle nécessaire au bon équilibre nerveux est une erreur néfaste à l'analyse, pis, l'excluant même[1].

Alors, regret ou remords freudien ? Pas vraiment. Freud maintiendra jusqu'au bout l'existence d'une névrose d'angoisse actuelle, mais dans un nombre de cas finalement faible : chacun fonctionnant sur une base névrotique, celle-ci s'avérerait rarement épurée de tout mélange psychopathologique, ce qu'il avait d'ailleurs souligné à la fin du texte « Qu'il est justifié... ». En fait, l'hystérie d'angoisse, qui semble remplacer par moment la névrose d'angoisse est centrée sur la phobie (génératrice d'angoisse) et a une similitude structurale avec l'hystérie de conversion.

V. — **Fantasmes, bisexualité et attaque hystérique**

Nous allons travailler : *L'étiologie de l'hystérie* de 1896, *Les fantasmes hystériques et leur relation à la bisexualité* de 1908 et enfin *Considérations générales sur l'attaque hystérique* de 1909[2]. Ces textes essentiels permettent « de percevoir l'importance de la découverte du fantasme, ses différents avatars, son efficacité et son déguisement dans le symptôme et d'en dévoiler les structures fondamentales »[3]. De 1896 à 1909, Freud passera de la théorie du trauma réel

1. Tout cela est extrait de *La psychanalyse sauvage.*
2. Ces trois textes sont publiés dans *Névrose, psychose et perversion, op. cit.*
3. J. Laplanche, Introduction à *Névrose, psychose et perversion, op. cit.*

à celle du trauma fantasmé, et comme souvent dans son œuvre, rien ne s'en trouvera invalidé.

Dans *L'étiologie de l'hystérie,* Freud décrit la scène traumatique initiale de la maladie, s'inscrivant par des symboles mnésiques dans la vie psychique du patient ; cette scène structurale doit satisfaire à deux conditions : d'une part avoir une « capacité déterminante », c'est-à-dire une signification spécifique pour le patient, d'autre part posséder une force économique suffisante car, en deçà d'un certain seuil quantitatif, elle ne peut être efficace. Pour déchiffrer le symptôme moteur offert par le malade, l'analyste remonte les chaînes associatives avec leurs séquences intermédiaires faisant le lien entre l'événement vécu et la création symptomatique afin de mettre en évidence « la capacité de détermination » du trauma.

Question scientifique essentielle : cette scène signifiante a-t-elle toujours existé sur un mode réaliste ? Derrière elle, en abyme, ne s'en trouve-t-il pas une autre qui en cache une autre, et une autre, etc. ? Freud[1] a là un doute quasiment métaphysique. A ce sujet, Jean Laplanche parle d' « illusion apophantique »[2] car, ces scènes emboîtées les unes dans les autres comme des poupées russes relèvent des Mystères du Moyen Age tout en interpellant le mode de réalité recherché par l'investigation analytique : que représentent au fond ces séquences se renvoyant les unes les autres à l'infini ? Ces inscriptions auraient-elles sens par rapport à un mythique fantasme originaire (par exemple une scène primitive où l'enfant aurait été témoin du coït parental) plus ou moins réactivé chez l'hystérique par une suite événementielle ?

Sur cette hypothèse, Freud articulera en deux temps et en la compliquant, la théorie du trauma déjà évoquée : une scène actuelle renverrait en ce cas non pas à une mais à de nombreuses autres antérieures dans le passé sexuel de l'individu. Dans cette construction se juxtaposent donc cons-

1. *L'étiologie de l'hystérie,* p. 87.
2. On écrit aussi « apophatique ».

tamment des éléments de la réalité matérielle sous la forme de viol, gestes, paroles souillantes, et l'hypothèse d'une sexualité infantile : en 1896, Freud y voit une intrication réalité-fantasme mais les notes ajoutées en 1924 feront clairement pencher la balance du côté du fantasme (p. 96).

Pour conclure : d'une part « l'irruption de l'hystérie remonte presque invariablement à un conflit psychique, une représentation inconciliable mettant en action la défense du moi et provoquant le refoulement » (p. 102) et d'autre part dans le symptôme hystérique, souvent surdéterminé, l'affect se détache défensivement de la représentation. Dans cette étiologie de l'hystérie de 1896, la pensée freudienne est déjà entièrement psychanalytique, même si l'importance des différents facteurs en cause sera relativisée avec le temps.

Dans *Les fantasmes hystériques et la bisexualité*, la bisexualité est traitée sur le mode ambigu que Freud aura toujours à ce sujet ; en effet il ne paraîtra jamais tout à fait à l'aise sur ce concept, en attribuera la responsabilité à Fliess, le résumera souvent par l'opposition actif-passif. Pourtant la bisexualité parcourait déjà *Les trois essais* (1905), navigant entre le normal et le pathologique avec néanmoins une nette prédilection pour le normal du fait de l'existence, selon lui, d'une bisexualité anatomique, physiologique et psychique chez tout individu.

C'est en 1908 qu'il posera à son sujet justement la question du statut des fantasmes conscients et inconscients. D'après ses observations, le fantasme inconscient, toujours en relation avec la vie sexuelle, serait une filiation directe du fantasme conscient infantile utilisé à la période de masturbation pour atteindre la satisfaction. Au départ cet acte masturbatoire aurait été composé de deux séquences, la première consistant en l'évocation du fantasme (qui se compliquera assez rapidement par une fusion avec une représentation de désir provenant de l'amour d'objet), la seconde culminant par un comportement actif visant à l'autosatisfaction. Lors du renoncement à la masturbation, ce fantasme deviendrait inconscient si la vie sexuelle est harmonieuse ou la libido sublimée, en revanche il serait pathogène s'il existe une frustration due par exemple à l'abstinence. Et Freud établit une équivalence à la suite de ses observations cliniques : la perte de l'onanisme infantile sans compensation peut se représenter chez l'adulte par une attaque utilisant les mêmes innervations somatiques que la masturbation.

Même si Freud ne le souligne pas explicitement, l'acte masturbatoire n'est-il pas témoin et preuve du fantasme de toute puissance de l'individu tenant à lui seul à la fois les rôles masculin et féminin ? En ce cas précis, tout individu n'est-il pas, dans le temps même de la jouissance, bisexué, homme et femme ? Dans *Naissance de la psychanalyse* (lettre du 1er août 1899), Freud avait écrit à Fliess : « En ce qui concerne la bisexualité tu as certainement raison. Je m'habitue aussi à considérer chaque acte sexuel comme un événement impliquant quatre personnes. » Autrement dit, il existe chez chacun un fantasme non pathologique de bisexualité.

Ce n'est qu'après avoir émis ces postulats, que Freud procède à une démonstration en neuf points sur la nature des symptômes hystériques :

1) Le symptôme hystérique est le symbole mnésique d'un trauma réel (retour à la neurotica).

2) A cette scène originelle se substituera, par association, une conversion symbolique.

3) Arrivé à ce point de sa détermination, le changement d'optique devient total parce que Freud surdétermine alors la notion de trauma en y ajoutant celle de « réalisation de désir », perturbant ainsi la position jusqu'ici victimaire des patientes : l'adjonction du désir même réprimé modifie la donne car à la jeune fille brimée et traumatisée il substitue une femme désirante. Cela annonce peut-être le concept de « **complexe d'Œdipe** », qui n'apparaîtra officiellement que vers 1910, mais était en gestation suite à **l'auto-analyse** de Freud. Cela annonce surtout l'émergence de la **bisexualité** dont une partie est refoulée.

4) Le symptôme hystérique est la réalisation d'un fantasme inconscient servant à l'accomplissement du désir. Est-ce là un second sous-entendu sur la nature œdipienne des fantasmes du jeune enfant qui réapparaîtraient chez l'adulte sous la forme d'une **crise motrice** ? Ou de nouveau allusion à la part bisexuelle de l'individu ?

5) La pulsion sexuelle a plusieurs composantes : même si la signification du symptôme est sexuelle, elle n'en représente cependant qu'une partie.

6) Le symptôme représente un retour (une régression dirions-nous) à un mode satisfaction présent dans l'enfance puis refoulé. Est-ce l'onanisme dont il était précédemment question ? Est-ce le retour aux fantasmes œdipiens réactualisés puis refoulés après l'adolescence ?

7) La formule 7 est la plus mystérieuse. Est-ce par l'étude de l'homosexualité masculine *(Les trois essais)* que Freud en vient à évoquer le symptôme comme « compromis entre deux motions pulsionnelles opposées dont l'une s'efforce de donner expression à une pulsion partielle ou composante de la constitution sexuelle tandis que l'autre s'efforce de réprimer la première » ? Est-ce de la part féminine de l'homosexualité masculine dont il est question ? Le **compromis** satisfait les désirs inconscients et leurs exigences défensives et entraîne le fait que la représentation refoulée est déformée à en être méconnaissable. Anticipant la proposition 9, Freud ne décrit-il pas ici un mouvement pulsionnel actif en identification au père et un mouvement pulsionnel passif par identification à la mère (cf. Les identifications d'Elizabeth) ? Ces mouvements sont-ils antithétiques parce que s'opposant l'un à l'autre (alors qu'on aurait pu envisager un autre cas de figure où aurait existé un phénomène de complémentarité) ?

8) Malgré une restriction intellectuelle liée à la pratique clinique prouvant que certaines motions peuvent être non sexuelles, Freud insiste lourdement sur la prépondérance du facteur sexuel : « La solution du symptôme exige deux fantasmes sexuels dont l'un a un caractère masculin et l'autre un caractère féminin de sorte que l'un de ces fan-

tasmes prend sa source dans une motion homosexuelle », d'où le compromis évoqué plus haut.

9) Affirmation claire : « Un symptôme hystérique est l'expression d'une part d'un fantasme sexuel inconscient masculin, d'autre part d'un fantasme sexuel inconscient féminin. » Oui, il s'agit ici des hystériques. En fait, c'est « de la connaissance des composantes de la pulsion sexuelle qui dominent l'individu » dont il est question, comme d'ailleurs dans *Les trois essais*. L'Œdipe n'est pas explicitement nommé, même si dans ce texte, sont préfigurées les identifications directes et croisées de l'enfant à ses parents.

Au long de l'œuvre freudienne la bisexualité est traitée simultanément sur trois plans :

• L'anatomie : la bisexualité serait constitutionnelle.

• La psychopathologie : le fantasme de bisexualité peut être soit normal, soit pathologique dans certains cas de perversions (homosexualité).

• La motricité : chez les hystériques la bisexualité se jouerait sur le plan de la conversion.

S'il s'agit bien ici de l'attaque hystérique, nous sommes assez loin des promesses du début car cet article joue beaucoup sur le non-dit :

• Importance des fantasmes œdipiens et problèmes des identifications parentales.

• La bisexualité s'origine dans les fantasmes constitutifs de la psyché chez l'être humain.

• La pathologie ne serait qu'un cas particulier d'une loi générale de bisexualité chez l'être humain.

Dans ce texte est soulignée de façon exemplaire la méthode freudienne : c'est en partant du pathologique qu'il trouve la norme, c'est en travaillant sur l'adulte qu'il découvre le fonctionnement psychique de l'enfant.

Considérations générales sur l'attaque hystérique (1909), a deux ambitions : d'une part, parler de façon globale de l'attaque en étendant la description de la conversion (sans que le terme n'y figure d'ailleurs), d'autre part, généraliser les lois du fonctionnement psychique en posant l'hypothèse d'une identité de fonctionnement entre le rêve et l'hystérie. Ce texte en quatre points peut être considéré comme la suite du précédent.

Paragraphe A

Rappelons la célèbre définition, une des plus achevées de Freud, sur l'attaque : « Une attaque n'est rien d'autre que des fantasmes traduits dans le langage moteur, projetés sur la motilité, figurés sur le mode de la pantomime » (p. 161). Cette formule fait appel aux arts, à la danse, à la pantomime[1] où nous sommes en apparence hors de toute expression langagière même si, comme l'acteur antique, l'hystérique est bien dans la subversion : il tente inconsciemment en effet de faire passer un message latent en symbolisant gestuellement de façon exagérée l'interdit sur le mode figuré.

Les fantasmes inconscients mis en scène nécessitent une *traduction* du domaine *verbal* au domaine *moteur*. S'agit-il bien d'une traduction, c'est-à-dire du passage d'une langue à l'autre ou, comme le dit Freud, d'une *projection* au sens neurologique ou psychologique du terme, qui consiste à expulser quelque chose de soi que l'on refuse de reconnaître et à le localiser ailleurs ?

Parallèlement à ce constat, Freud tentera de démontrer qu'attaque hystérique et rêve relèvent des mêmes lois de la vie psychique. Comment qualifier topiquement les fantasmes hystériques ? « Inconscients », est sa première réponse (« fantasmes inconscients certes », p. 161), mais il rectifie « ils sont de la même espèce que ceux qu'on peut saisir immédiatement dans les rêveries diurnes, ou développer par interprétation à partir des rêves nocturnes ». Plutôt préconscients donc. En fait le fantasme est un scénario se jouant entre le conscient et l'inconscient, une

1. A l'origine, la pantomime était réduite au silence pour des raisons politiques. A Rome ou en Grèce ces pièces de théâtre soutenaient des positions antigouvernementales et les autorités condamnèrent les acteurs au silence. La subversion consistait à faire comprendre par des gestes ce qu'il était interdit de dire en mots.

représentation mettant en scène le retour du refoulé : sa position topique n'est pas clairement définie.

Le rêve est-il alors le substitut d'une attaque ou vice-versa ? Ces deux formations sont des structures de compromis : comme le rêve, la figuration pantomimique est si déformée qu'il est impossible de la déchiffrer d'emblée, elle est censurée, surdéterminée, inaccessible au « spectateur » (le mot est dans le texte, l'attaque hystérique est décrite dans l'ordre du théâtral). Tentons donc le parallélisme attaque-rêve à partir des lois du rêve :

Première loi : **la condensation** ; dans l'attaque, plusieurs fantasmes sont présents dans le même matériel, leurs caractères communs forment le noyau de la figuration (id. au rêve). On retrouve également « un désir récent » (donc en clair, prééminence du désir) et « la revivification d'une impression infantile ». Ce n'est plus la neurotica abolie en 1897 mais la sexualité infantile (1905) qui est bien là et le trauma plus ou moins réel qui rôde encore. Enfin, condensation biologique, ce sont les mêmes innervations qui servent le désir et le souvenir traumatogène.

Deuxième loi : **l'identification multiple** ; sur le mode moteur, le patient « exécute les faits et gestes de deux personnes intervenant dans le fantasme ». Freud évoque à ce niveau son texte sur la bisexualité sans préciser que les deux personnes doivent être de sexe différent : modification ou évidence telle qu'elle n'est plus à souligner ?

Troisième loi : **le renversement antagoniste des innervations** est le passage le moins convaincant de cette démonstration. Freud décrit l'interversion des positions et de la chronologie dans l'attaque hystérique : ainsi une position désirée est figurée par son contraire (comme chez Charcot où l'arc de cercle de la grande attaque figurait en fait un désir de commerce sexuel), un fantasme commence par la fin. Freud compare cela à l'habituelle transformation d'un élément en son contraire dans le rêve : ce qui affaiblit la démonstration, c'est qu'il généralise plus au niveau de la motricité qu'à celui du fantasme.

Paragraphe B

Quelles sont les lois de l'apparition de l'attaque compte tenu du fait que le « complexe refoulé consiste en investissement libidinal et en contenu de représentation (fantasme) » ? Premièrement, **une loi d'association idéative** : une association consciente peut renvoyer au refoulé investi ; deuxièmement, **une loi économique de fonctionnement de l'organisme** : l'investissement libidinal interne augmente sous l'influence d'un facteur externe (cause identique à l'apparition de la névrose d'angoisse) ; troisièmement, **la loi de la tendance primaire au service de la maladie** : le malade se console par un bénéfice primaire ; quatrièmement, **la loi de la tendance secondaire alliée à la maladie** : le but visé est atteint (bénéfice secondaire).

Paragraphe C

Quand la masturbation disparaît avec le développement sexuel de l'enfant, l'inconscient peut tenter « d'annuler cette annulation » : pour ce faire, réapparaît au cours de l'attaque non pas la masturbation elle-même mais des équivalents plus ou moins conscients.

Freud développera alors une théorie du fantasme, depuis sa naissance jusqu'à son refoulement et au retour du refoulé, où celui-ci évolue à l'intérieur de la première topique en cours de constitution. Dans l'attaque, le malade recherche et répète le plaisir auto-érotique infantile : l'anamnèse montre le début *dans le conscient* par l'activité sexuelle infantile d'abord sans contenu de représentation puis avec l'élaboration d'un fantasme. Le suivi *dans le préconscient* par un début de refoulement avec inhibition de l'action et maintien du fantasme. La fin *dans l'inconscient* par le refoulement du fantasme et sa réapparition dans l'attaque en vue de retrouver la satisfaction originelle. Le fantasme se constitue à ce moment comme le point privilégié où peuvent se saisir l'échec du refoulement et le retour du refoulé. Le préconscient devient ainsi un lieu de passage obligatoire de la transformation du fantasme conscient en inconscient et s'intègre donc dans la première topique comme structure intermédiaire entre les deux autres instances.

Freud terminera ce passage pourtant conçu dans le but évident de convaincre, sur un mode que l'on pourrait qualifier de polémique : prenant des signes bien connus de l'épilepsie (perte des urines, morsure de la langue, blessure lors de perte de conscience subite) mais sans prononcer le terme, il les interprétera comme une symbolique hystérique, réinduisant là curieusement l'ancienne question de la différenciation entre hystérie et épilepsie.

Paragraphe D

Dans ce passage conclusif, Freud attribue l'attaque à un mécanisme réflexe existant chez tout le monde et surtout chez les femmes. Et si l'on pense que « le coït est une petite épilepsie », il est plus clair de formuler le phénomène ainsi : « l'attaque convulsive hystérique est un équivalent du coït ».

Freud terminera son texte sur la femme et la bisexualité féminine : antérieurement, dans *Les trois essais,* la bisexualité masculine semblait aboutir à l'homosexualité alors que chez la femme « cette poussée typique de refoulement qui élimine la sexualité masculine pour faire naître la femme » induit une névrose hystérique quand s'est opéré « un grand travail d'organisation ». La bisexualité se retrouve à la base de la sexualité humaine et secondairement de la névrose.

VI. — **Structure hystérique de la sexualité humaine**[1]

Chez tout enfant se produit une identification hystérique à la mère liée à un processus complexe. En effet, quand celle-ci touche le corps de l'enfant, elle a tendance à faire une liaison inconsciente entre cet acte et son désir sexuel pour son partenaire. Parallèlement à ce fantasme, elle tient à l'enfant un discours particulier dont elle ne

1. D. Braunschweig, M. Fain, *La nuit, le jour,* Paris, PUF, 1975.

perçoit pas les implications sexuelles qui laissent une trace mnésique inconsciente, prototype même de cette identification[1]. Sont intriqués là le corps de l'enfant, sa sexualité, le discours de la mère à l'enfant, le désir sexuel de la mère pour l'homme et l'identification de l'enfant à sa mère.

De cet ensemble de faits la mère a une perception confuse tout en craignant quand même pour le psychisme de l'enfant : elle lui impose donc de dormir et par ce souhait (de le faire dormir) elle vise à le mettre à l'abri du désir qu'a le père d'elle ; elle essaie d'empêcher que se crée dans l'inconscient de l'enfant ce qu'elle est justement en train d'initier, à savoir le désir du rapport au père afin d'être à la place privilégiée de la mère. Cet acte inconsciemment protecteur est ce que Michel Fain a appelé *la censure de l'amante*[2]. « Il faut que l'enfant dorme calmement pour que la mère redevienne femme afin de se porter au-devant du désir de son partenaire sexuel. »[3] La femme retourne donc à l'homme, transmet inconsciemment ce message à l'enfant qui s'identifie alors à son désir à elle pour un père non perçu mais assimilé à elle : c'est le passage confus d'une mère aimante et possédée à une femme désirant le père et subitement absente. C'est aussi un signifiant énigmatique, dit Michel Fain, que cette perception par l'enfant que la mère a envie d'un autre car en ce cas « la femme se farde avec le narcissisme dévolu à l'enfant »[4].

L'organisation hystérique de la sexualité est le vécu par l'enfant du partage de la mère et de la femme et son identification à un tiers manquant (le père qu'il ne voit pas de son lit) dénié dans sa virilité face à une mère désirante. Le dialogue (entre adultes) est supposé échapper à l'entendement d'un enfant physiquement présent, « idéalement désexualisé » et censé ne rien comprendre aux relations sexuelles

1. Ce qui n'est pas sans renvoyer à la définition de Laplanche des « signifiants énigmatiques ».
2. M. Fain, Prélude à la vie fantasmatique, *Revue fr. de psychan.*, Paris, PUF, 1971, XXXV, 2-3.
3. Braunschweig et Fain, *La nuit, le jour*, p. 184.
4. D. Braunschweig, M. Fain, *Éros et Anteros*, Paris, PB Payot, 1971.

entre adultes. Ce discours mettant également l'enfant en position de « tiers exclu » et créant un véritable monde d'absents mentaux (les parents annulent l'enfant censé lui aussi être capable de les annuler), n'est pas sans empêcher ce dernier de vivre d'importants émois érotiques.

VII. — Le maître et l'hystérique (Lacan)[1]

Après bien d'autres, Lacan constatera que l'hystérique, comme objet, est ce que le savoir ne paraît ni pouvoir dire, ni pouvoir cerner alors que comme sujet, elle est ce qui fait dire le savoir ; par elle de nouveaux savoirs s'expriment, alors qu'elle demeure dans son mystère et son inaccessibilité. C'est à propos de l'hystérique que Lacan énoncera une théorie des quatre discours qui fondent une parole dans ses effets à savoir celui du Maître, de l'hystérique, de l'Université et de l'analyste. Que fait-on quand on prend la parole ? On prend place, on prend langue, on met en relation deux lieux, on prend le pouvoir. Il existe quatre facteurs qui se positionnent dans le discours : l'agent du discours, l'autre, la production (du discours), la vérité rendue nécessaire par la psychanalyse. De ces constats, Lacan déduira plusieurs formules dégageant les quatre typologies du discours[2].

Le discours du Maître a pour fonction de prendre barre sur l'autre, c'est la prise de parole fondant comme lien social la maîtrise, c'est le langage comme action sur l'autre.

Le discours de l'Université est celui où le savoir se fait agent pour la maîtrise de la jouissance. Le sujet de la loi est ce que l'Université produit.

Le discours de l'analyste est celui où l'analyste est identifié à *l'objet a* radicalement perdu provoquant ainsi la parole de l'analysant. L'analyse suppose un savoir à la

1. J. Lacan, *Le séminaire, livre XVII : l'envers de la psychanalyse*, Paris, Seuil, 1991.
2. Nous utilisons pour ce faire le premier chapitre de Wajeman, *op. cit.*

place de la vérité, savoir que l'analyste est supposé avoir et qui est aussi celui inconscient du sujet du discours.

Le discours de l'hystérique recouvre la pathologie aussi bien qu'une « hystérie – pour le coup sans symptôme – qui s'avère essentielle du sujet parlant ». L'hystérique produit et se montre dans une double fonction à l'endroit du savoir, elle l'appelle sur elle comme objet en le pressant dans le même temps d'en produire du nouveau par l'énigme qu'elle propose qui conduit à la recherche. Comme nous l'avons montré par ailleurs, elle évolue avec son temps, « sa plasticité est celle même du discours tenu sur elle qui l'informe ». Si l'hystérique pousse au savoir, elle est également celle qui souligne le manque à savoir fondamental de l'Homme. Wajeman conclut d'ailleurs que « l'hystérique n'aura pas été un sujet privilégié par et pour l'analyse, mais que l'hystérique est l'unique sujet par qui la psychanalyse pouvait se fonder », ce qui est notre sentiment le plus profond.

BIBLIOGRAPHIE

Babinski J., Démembrement de l'hystérie traditionnelle, le pithiatisme, 1909, *Œuvres scientifiques,* Paris, Masson, 1934.
Braunschweig D. et Fain M., *La nuit, le jour (Essai psychanalytique sur le fonctionnement mental)*, Paris, PUF, 1975.
Cesbron H., *Histoire critique de l'hystérie*, Paris, Asselin et Houzeau, 1909.
Charcot J.-M., *Leçons du mardi à la Salpêtrière*, notes de cours de MM. Blin, Charcot et Colin, Bureau du progrès médical, Paris, 1892.
Corraze J., *De l'hystérie aux pathomimies*, Paris, Dunod, 1976.
Ey H., Bernard P., Brisset Ch., *Manuel de psychiatrie*, Paris, Masson, 1989.
Foucault M., *Histoire de la folie à l'âge classique*, Paris, Plon, 1964.
Freud S., *La naissance de la psychanalyse (1887-1902),* trad. Berman, Paris, PUF, 1969.
Freud S., Quelques considérations pour une étude comparative des paralysies motrices organiques et hystériques (1893), texte original en français, *Résultats, idées, problèmes*, Paris, PUF, 1984.
Freud S., Les psychonévroses de défense (1894), trad. Laplanche, *Névrose, psychose et perversion*, Paris, PUF, 1973.
Freud S. et Breuer J., *Études sur l'hystérie (1895),* trad. Berman, Paris, PUF, 1956.
Freud S., Qu'il est justifié de séparer de la neurasthénie un certain complexe symptomatique sous le nom de névrose d'angoisse (1895), trad. Laplanche, *Névrose.*
Freud S., L'étiologie de l'hystérie (1896), trad. Bissery et Laplanche, *Névrose.*
Freud S., *L'interprétation des rêves* (1900), trad. Meyerson, Paris, PUF, 1973.
Freud S., *Cinq psychanalyses* (Dora, fragment d'une analyse d'hystérie) (1905) trad. M. Bonaparte et R. Loewenstein, Paris, PUF, 1954.
Freud S., *Trois essais sur la théorie sexuelle infantile* (1905), trad. Ph. Koeppel, Paris, Gallimard, 1987.
Freud S., Les fantasmes hystériques et leur relation à la bisexualité (1908), trad. Laplanche et Pontalis, *Névrose.*
Freud S., Considérations générales sur l'attaque hystérique (1909) trad. Guérineau, *Névrose.*
Freud S., A propos de la psychanalyse dite sauvage (1910), trad. Berman, *La technique psychanalytique,* Paris, PUF, 1970.
Freud S., *Introduction à la psychanalyse (1916-1917),* trad. Jankélévitch, Paris, Payot, 1959.
Israël L., *L'hystérique, le sexe et le médecin*, Paris, Masson, 1983.

Janet P., *État mental des hystériques : les accidents mentaux et les stigmates mentaux*, Paris, Rueff, 1894.
Lacan J., *Le séminaire, livre XVII : l'envers de la psychanalyse,* Paris, Seuil, 1991.
Laplanche J., *Nouveaux fondements pour la psychanalyse,* Paris, PUF, 1987.
Lasègue Ch., *Écrits psychanalytiques,* Toulouse, Privat, 1971.
Postel J. et Quetel C., *Nouvelle histoire de la psychiatrie,* Toulouse, Privat, 1983.
Trillat E., *Histoire de l'hystérie,* Paris, Seghers, 1986.
Valabréga J.-P., *Phantasme, mythe, corps et sens,* Paris, Payot, 1980.
Veith I., *Histoire de l'hystérie,* Paris, Seghers, 1973.
Wajeman G., *Le maître et l'hystérique*, Paris, Navarin/Seuil, 1982.

TABLE DES MATIÈRES

Imprimé en France
Imprimerie des Presses Universitaires de France
73, avenue Ronsard, 41100 Vendôme
Avril 1997 — N° 43 542